大是文化

吃得虧/吃得開的說話方式

好人緣非天生，
看對照例句改變說話方式，
不用討好別人，
人生與工作成就大翻轉！

日本NHK談話節目專業嘉賓、
顧客管理專家

谷 厚志——著

賴詩韻——譯

損する言い方 得する言い方

| CONTENTS |

第四章 懂道歉，走到哪都吃得開 127

第五章 逆轉人生的好運說話技巧 179

結語

推薦序一

所有職場人必學的說話之道

激勵達人／鄭匡宇

我曾出版過一本書叫《吃虧的力量》，於是看到日本顧客管理專家谷厚志的這本《吃了虧／吃得開的說話方式》時，特別感興趣，並希望能撰文為此書做推薦。

書中提到非常多關於職場人的說話與應對之道。其中，我最喜歡的分別是「最糟的道歉——我是按照你的指示做的」，以及「麻煩事裡，藏著升遷好差事」。

無論在職場上或生活中，大部分的人都不喜歡被指責，也許是因為我們的文化，把犯錯當成一件很可恥的事情，又或者覺得自己沒有錯，別人憑什麼這樣說我們？於是便會加以反駁，或者對指責我們的人怒目而視。但，這種**「你憑什麼指責我」或者「我又沒有錯」的想法，卻容易成為職場升遷和提升績效的絆腳石**。因為意氣用事，只會成為我們成長進步的阻力。

因此，在面對指責時，與其面紅耳赤的反駁，把時間浪費在無謂的鬥爭和爭論上，不妨想著，對方的指責中，是否真的有我們可以吸收並加以學習、提升的地方？例如，作者在書中提到，自己因為按照長官的指示提出漲價，結果卻被客戶罵個臭頭。實際上，當我們加以反省後，就會知道一定有更好的應對方式，例如：「雖然漲價，但同時也增加服務。」或是讓對方接受這次不漲價，但已有預期下次會漲價的心理準備等，這些都是比強迫客戶接受漲價還要好的方式。

而**「麻煩事裡，藏著升遷好差事」，我更認為絕對是職場的金科玉律**。以我自己過去的經驗來看，目前我所具備值得說嘴的能力，或者能拿出來炫耀的成績，在當時沒有一個不是「麻煩事」。我們在當下之所以覺得某事很麻煩，代表它一定是超越我們能力或者困難重重的事情，但只要我們去面對它、克服它，同樣也就代表我們跳脫了舒適圈，並培養出過去所沒有的能力，進而達成目標。而在過程中培養出來的膽識與經驗，將成為我們一輩子的資產，協助我們克服許多難關，並且完成我們過去無法想像的成就。

這不僅僅是一本教你說話方式的書，更是一本能改變你心態，讓你在職場平步青雲、步步高升的書，我建議你立刻入手一本，成為你自己領域的職場達人！

推薦序二

正向心態╳改變說話方式，讓你到哪都吃得開

熱門課程「一談就贏」創辦人、知名企業講師／鄭志豪

在我到各大企業講授「顧客服務及客訴處理」的課程時，經常會問底下學員：「客訴案件有可能變成零嗎？」大多數人都會回答不可能，但我卻一派輕鬆的接著回答：「其實不是不可能，因為當你的顧客數量等於零的時候，就不會有客訴了。」

這固然是個玩笑話，但其實我想要傳達給所有在第一線從事客訴處理

的朋友，以及所有客服主管的是：不要害怕面對客訴，只要你有生意上門，就一定會有客訴，但只要處理得夠好，這些一開始對你不滿意或有誤解的顧客，日後反而有機會成為最死忠的支持者。

雖然我從未實現過零客訴，但我之前在一家知名企業服務時，曾讓客訴案件在三個月內下降了九〇％，顧客非但沒有流失，業績反倒在同時間內大幅成長。

當然，並不是每個人都需要處理客訴，也不是每個人都會遇上消費糾紛，但只要掌握說話技巧，無論是在職場或日常生活中，你的溝通就能更加順暢無礙，你的人生也能開拓更多不同的可能性。

本書作者谷厚志是日本顧客管理專家，我特別喜歡他在一開始就表明的一件事——那就是，這本書雖然提到了許多實用的說話及溝通技巧，但他認為，其實心態最重要。如果凡事都悲觀看待，那麼再多的說話技巧，也無法改變你處處碰壁的人生際遇。然而，只要你願意調整心態，**你甚至**

無須改變自己的個性，只要改變說話方式，你的人際關係就能有所改善，許多問題也都能迎刃而解。

作者還提到，他曾在異業交流會上被別人問：「每天處理客訴，一定很痛苦吧？」他的回答是：「不會啊，我的工作不是處理客訴，而是跟顧客打好關係，讓他們都成為忠實顧客！」心態不同、說法不同，給人的感受就會不同，而沒有人會不喜歡一個能夠帶來更多好感的人。

我自己另外有個「一談就贏」的公開班，一推出就廣受好評，與此書也有類似的理念。許多來自不同領域的菁英來上了課以後都非常驚訝，我們居然是先談如何建立正確的思維觀念，之後才著墨更多的技巧與應用。一開始有很多人不適應，但後來他們發現，這種做法不僅有效，而且人人都能做得到。

只不過溝通方式因人而異，有人竭盡所能的去辯解事發經過，認為自己並不用負責；也有人甚至反過來指責別人的不是，好像只要抓住對方的一點小辮子，就能抵銷自己的錯誤一樣；更有人抱著「大不了去告我，反正告贏了我再道歉」的心態。這讓我不禁感嘆，這種人別說工作是否到位了，他們連說謊和推諉塞責到底應不應該的基本做人道理都不懂。

因此，我希望大家都能好好參考這本書。不管你從事什麼樣的工作，只要我們都能掌握更多說話技巧，不僅有助於提升社會的整體水準，你我也都能因而受益。只要掌握這些溝通訣竅，多為對方想一想，認真聽、用心說，問題就能有效解決，人生也會更加順遂！

序言

改變說話方式，我從經常吃虧變成吃得開

大家好，我是谷厚志，是個能夠將怒氣轉為笑容的顧客管理專家。市面上，關於說話溝通的書籍不勝枚舉，我由衷感謝各位選擇了這本書。接下來，我將竭盡所能的傳授各位說話的應對技巧。希望大家都能夠愉快的讀到最後！

我的工作除了顧問諮詢以外，也經常受邀到各企業舉辦研習講座，分享如何應對客訴。

某次研習講座結束數個月後，曾有聽眾特地跑來向我表達感謝：「托

老師的福，我現在工作很順利！非常感謝您。」不過，也有人是抱怨連連：「我明明都有按照你說的方法去做，但還是不管用！」

在相同的會場，聽相同的研習講座，為什麼會有這樣的差異呢？之後，我個別針對那些實踐有成的人以及失敗的人，進一步了解情況，總算得到一個結論。

那就是，**人的本性會影響應對的結果**。

說話跟人的本性有關？各位讀者可能會覺得莫名其妙吧！簡單來說，就是**思考模式、用字遣詞不同，說話方式自然也不同，但這往往就是最大的癥結所在**。

一個人平常講的話，與思考有關。也就是說，你心裡想什麼，就會說出什麼樣的話。無論從研習講座學到再多的說話技巧，一個人的本性和生活方式終究是主因，且會大幅影響到工作表現。

「我還沒有收到訂購的商品！」面對這樣的客訴，有些人會誠惶誠恐的說：「咦！怎麼會這樣？我會盡快幫您確認！」如此設身處地的為顧客著想。反之，有些人雖然嘴上不說，但是心裡卻抱怨個不停：「處理這種事情有夠麻煩！」一副心不甘情不願的樣子。而這種應對方式，便會大幅影響顧客的觀感。

除此之外，也有些人明明是知識分子，或是成功創業家，卻因為說話不得體而到處樹敵，最後蒙受損失。

在我的周遭，就有很多人因為言行失當，因此失去眾人的信賴。我自己也曾因為發言過於草率、不經大腦，被別人討厭，因而深陷痛苦的人際泥沼。

為了受人尊敬、為了改變自己的個性，我曾嘗試過各種方法，可惜效果大多不顯著。即使覺得好像稍有改變，但本性難移，很快就被打回原形。不過，現在的我，跟任何人都可以輕鬆愉快的聊天。

至於我是怎麼做到的？具體的方法，還請大家繼續閱讀下去。其中一項要訣，就是**有意識的改變說話方式**。如此一來，即使不改變性格，你也不必再為人際關係傷透腦筋！

其實，**只要改變說話方式，人的思考會從消極思考轉為正面思考，心智也會變得強大**。

在書中，我將徹底公開我的親身經歷——**欠缺自信、不擅長面對人群的人，如何透過改變說話方式，使人際關係、工作，甚至於整個人生都大幅翻轉**。

此外，我將可以改善人際關係、工作和人生的說話方式，稱作「吃得開的說話方式」，至於不利於人際交往、超NG口頭禪，我則稱作「吃了虧的說話方式」。接著，再用對照例句的方式，讓各位讀者立刻就能掌握要點。

也請大家特別注意，這裡提到的吃了虧和吃得開，所帶來的影響不是短暫的，而是長遠的。

說話的方式改變了，心也會跟著改變。心態一改變，人際關係隨之改善，眼界也會煥然一新。

從現在開始，改變說話方式吧！

改變心境、改善人際關係、改變人生！

第一章

這些口頭禪，讓我吃了虧還不自知

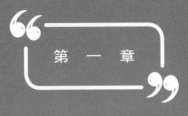

1 我做不到、這不可能

「根本用不到」、「無法認同」、「內容了無新意」，這些都是讀者在網路上對我過去幾本血淚著作的批評。

各位可能會很好奇，身為客訴管理顧問，面對這些充滿情緒性字眼的網路評論，是如何把他們的怒氣轉為笑容？令人遺憾的是，其實我也不知道。

如果讀者就在我面前，我會說：「很抱歉，請問是哪裡寫得不夠有趣呢？」然後告訴他：「原來如此，下次我一定會寫得既實用又有趣。」之後，或許就可以改變讀者的想法了吧？但是，我想這是不可能的事。

別浪費時間在否定和批評

老實說，即使我已被批評過無數次，但每當我被別人否定的時候，內心還是會覺得很受傷。

某次在電視臺工作，中場休息時，我不經意的問某位搞笑藝人：「你會去看網友的評論嗎？」

他笑著回答：「我自己是盡量不去看啦，因為那些都是匿名的，如果看了心情不好，也太浪費時間。」

之後，我上網查詢那位搞笑藝人的名字，發現網路上淨是毀謗中傷的言論。換作是我，一定會被打擊得灰心喪志吧！

「要是沒有強大的心理素質，還真的無法在演藝圈生存呢！」我不禁打從心底佩服他！不過，我認為重點在於後面的那句話：「如果看了心情不好，也太浪費時間。」這表示，他**把時間視為成本**。

這種想法非常重要——我沒空為那些惡評傷神，我要專注在該做的事情，這正是一流人才的想法。

但另一方面，也有人習慣透過否定和批評別人來抒解壓力，但是否定和批評，其實並無法讓自己的人生變好。

更具體來說，那些在網路上謾罵的人，他們特意花錢買了我的著作，花費寶貴的時間閱讀，最後又浪費時間寫下惡意負評。我只想問他們，究竟浪費了多少金錢和時間？

人生當中，否定和批評他人是最浪費時間的事，只會為自己帶來損失。

不想浪費寶貴的時間，重點就在於，**不說負面話語、不亂發脾氣**。

例如，對於自己花錢買來閱讀的書，與其一味的批評，不如試著發掘書中的可取之處。如此一來，不僅能提升實際效益，也對人生大有助益！

因此，請各位盡量在每一本書中，找出可取的內容，然後付諸實踐！

用「換句話說」，把反感變好感

你知道什麼時候最常被客訴嗎？就是用否定句表達的時候。而最典型的例子，莫過於「**拒絕**」，例如：「很抱歉，這個有點困難。」、「做不到」、「不可能」。比方說，當顧客的手機故障時，如果店家直接回覆：「我知道您可能急需使用，但修理至少要兩個小時，否則我們無法處理。」這種回答除了會給顧客等候多時的負面觀感，通常還會讓顧客更加不悅。

所以，接待顧客時，我們**應盡量避免否定句**、**使用肯定句**，如此才能減少顧客的怒氣。

延續前例，如果對顧客說：「您一定很困擾吧！只要給我們兩個小時，就可以處理好！」如此一來，顧客的觀感就會好很多。因為「只要給我們兩個小時，就可以處理好」這句話，能夠引導顧客正向思考。也就是說，即使同樣要等上兩個小時，只要換個方式來說，顧客的觀感就會大為不同。

最大的好處，就是不會讓對方心生反感，而且對你的印象和評價也會大幅改變。

與人溝通時，要經常留心別人的感受，這點尤其重要——說話不要以自我為中心，要顧及對方的心情，並慎重選擇適當的說話方式。

你說話可以讓對方展露笑容嗎？還是讓人覺得反感？

與人溝通時，如果能夠顧慮對方的情緒再說話，那麼無論你面對什麼樣的人，一定都可以相處愉快。

吃了虧與吃得開的說話方式

OK	NG
「請您稍等，我們會盡快為您處理。」	「如果您不能等，我們可能無法處理。」

2 又不是我的錯，我為何要道歉！

許多企業和商家找我諮詢客訴相關問題時，如果是初次拜訪，我一定會先觀察員工們的表情。

這是因為，這些公司往往都有一個共同點，那就是處理客服的第一線員工大多面無表情，不苟言笑到我以為是在玩不准笑的遊戲（按：規則是笑出聲就算輸）。總之，他們的表情都很沉重，看起來也很累。

更令人驚訝的是，才寒喧沒幾句，負責人劈頭就是一連串的抱怨。

「我們遇過很多奧客。」、「我們的顧客都很難纏。」聽了一連串的負面話語，我的心情也變得沉重。

一個小時的談話結束後，我已筋疲力盡。

一直抱怨？是「負向語言」在作祟

大家發現了嗎？正是因為一直抱怨「奧客很多」、「顧客都很難纏」，才會經常出現客訴問題；正是因為使用過多的負向語言，才會造成工作現場一片死氣沉沉。

因此，我們應該養成多說正向語言的習慣。

如果一直將客訴和討厭的事情畫上等號，心情當然會很煩悶。我們不妨改用正面的角度，把客訴看成是一種建議吧！如此一來，原本的那些奧客就會變成提點自己把工作做得更好的顧客，甚至是令人感激的顧客。

當我們接到客訴的時候，很多人或許會覺得顧客是來找麻煩的，但是造成麻煩的並非顧客本身。顧客之所以會客訴，不就是因為他們遇到麻煩而苦無對策嗎？如果我們可以用這種方式思考，應該就能同理顧客，並且設身處地的為對方解決問題。

順帶一提，在你使用負向語言的時候，你知道你已經把自己當成被害者了嗎（按：指被害意識，認為別人會對自己不利）？

而且，使用過多的負向詞彙，還會讓自己陷入疲乏，做什麼事都提不起勁。我們甚至可以說，**奧客也是一種負向語言**。

其實，我在企業的客服中心工作時，也曾對客訴處理感到非常棘手，每天都筋疲力盡。

某次，同事邀請我參加異業交流大會。當時，一位在科技公司工作的女性與我交換名片，她對我投以無比同情的眼光，說：「每天處理客訴，一定很痛苦吧？」

正向語言的自我暗示

由於當時工作並不順遂，原本我很想直接回答：「是啊，我真的很討厭這份工作！」但在對方面前，我又想故作帥氣，於是我便借用某大企業的客服方針，自信滿滿的回答：「不會啊！我的工作不是處理客訴問題，而是跟顧客打好關係，把他們變成忠實顧客！」

那位女性馬上眼睛發亮，非常感動的說：「好厲害！您說得對，我應該向您好好學習才對！」

雖然我昧著良心說了反話，但是卻扭轉了這位女性對客訴處理的既定印象。後來，也許是正向語言的自我暗示奏效了吧？面對客訴，我的態度也變得積極正向。那次的心境轉變，至今我都還記憶猶新。原來**只要換個方式說話，不僅可以感動對方，也會大幅改變自己看事情的角度**。

以前，我經常把「客訴處理很困難」等負向語言掛在嘴邊，導致工作窒礙難行。我甚至還會覺得：「明明不是自己的錯，我為什麼非得低聲下氣道歉？」滿腦子都在數落顧客的不是。總之，當時的我，總把那些顧客視作討人厭的傢伙。

該怎麼做，才能夠改變這種想法呢？

該如何轉換成正向的說話方式呢？

如果勉強用「客訴處理真是簡單」這種話催眠自己，或許可以解決所有的問題，但其實，這句話根本毫無作用。一旦客訴處理得不順利，馬上又會陷入同樣的窘境。

重點在於，**不要只會抱怨「好難」，然後什麼都不做，應該要積極的找出解決方法才對。不要逃避問題，要切換成「學習」模式**。

人生得以充實的一大原因，就是透過學習讓自己成長，然後能夠解決更多問題。

即使無法馬上解決問題，也要不斷向前邁進，這點非常重要。

「很有意義」、「這個問題值得探討」，只要轉換成這些正向語言，任何人都可以不斷成長。

正向語言和負面語言，都會有自我暗示

OK	NG
「很有挑戰性。」、「這是個好問題。」	「這太困難了，我做不到。」

3 放棄吧，那也是沒辦法的事！

我唯一的興趣是打網球。雖然我每週只在假日打一次球，但在練習比賽中，每當我擊出漂亮的超身球（按：passing shot，亦稱過頭球）時，那種興奮的快感，簡直不輸座談會的聽眾因為我的笑梗而發笑的喜悅！

不過，最近我經常覺得自己是不是變大叔了？以前年輕時，可以輕鬆救到的球，現在根本就打不到，明顯感受到自己的體力已大幅衰退。

某次，網球教練告訴我：「年紀越大，反應變慢那也是沒辦法的事！」其實，他的說法也不無道理。但是，我卻無法接受。我不能接受所謂「年紀越大，反應變慢」的說法，那等於是一種自我設限！

什麼是老化語言？「不可能」、「那也沒辦法」

儘管我也有所自覺，但是一旦被別人用有色眼光看待，卻又很想反駁：「竟敢小看我！」

尤其是教練那句「那也沒辦法」，言下之意就是：「我看你就放棄吧！」讓我聽了很不舒服。

這類話語，我稱作**「老化語言」，會剝奪人的意志和可能性**。

有些人如果沒多想，把教練的話當真，可能就會想：「說得也是，年紀到了就要服老，這也是沒辦法的事。」然後將問題完全歸咎於年紀。不過，如此一來，網球的實力只會每況愈下。

因此，我們應該把這類老化語言轉換成「進化語言」。

假使我是網球教練，我也不會說出「年紀越大，反應變慢那也是沒辦法的事」這類令人喪氣的話。我會**給出建議，並協助對方克服問題**。

例如：「當球過來時，如果能夠及早預測並做出反應，就可以救到更多球喔！」

這樣的建議如何呢？這才是可以解決問題並促使對方進化和成長的話語吧！

人偶爾也要自我感覺良好

那麼，老化語言是如何產生的？最大的原因，就是「周圍的人都這麼說」、「過去的自己就是這樣」等自我設限心態在作祟。

一旦努力得不到成果，我們往往會說出：「我只有這樣」、「不管做幾次，結果都一樣」等洩氣話。也就是說，這種「我只有這樣」、「我做不到」的負面想法，正是造成語言老化的主因。

既然這種既定觀念會產生老化語言，我們就得從**改變自己的想法**

做起。

我曾擔任談話節目的主持人。某次的來賓是一位長年活躍於職棒的王牌投手，那次的談話令我印象深刻。

這位三十七歲的優秀投手，在球季剛開打時，由於一直無法拿下勝利，因此在夏季之前就被下放二軍。他的周圍，也開始出現「極限說」和「世代交替」等議論，導致他也認為自己是因為年紀太大而被下放二軍，甚至常常說些「那也沒辦法」的喪氣話。

不過，妻子的一句話，終於使他重新振作起來。

「身為王牌投手，你要這樣一直拖累團隊嗎？你想就這樣黯然結束嗎？」聽到這席話，他的想法改變了。

「我不能把年齡當作失敗的藉口。」他開始與二軍教練探討表現不佳的原因。

結論是，他的體力沒有下降，只是肌肉的瞬間爆發力變弱。因此，為了提升瞬間爆發力，他們徹底修正了訓練方式。經過訓練之後，他的狀態反而比全盛時期還要好。

之後，他又回到一軍，光是在球季後半就拿下五勝，為團隊帶來極大貢獻。他在痛苦的訓練過程中，一直告訴自己：**「這是脫胎換骨的機會。」**、**「我非常期待全新的自己。」**

不說「那也沒辦法」（老化語言），而是轉換成「從現在開始」（進化語言），這位王牌投手才得以光榮回歸。

自己的未來，取決於自己所說的話。

不要回顧過去的自己，要經常想著未來更好的自己，並自我勉勵。如此一來，當你的既定觀念改變了，行動也會跟著改變。

多用進化語言，取代老化語言

OK

「現在正是改變的機會。」

「一定會順利的。」

NG

「放棄吧，那也是沒辦法的事。」

「反正做了，也是白搭。」

4

壞話病毒，傳染力超強

我曾經在客服中心工作，由於我是主管，經常會從部屬那裡接到正在氣頭上的客訴電話。

某天，我接到部屬轉來的客訴電話，顧客一開口就是：「你們是笨蛋嗎？」一痛罵將近十分鐘之後，顧客心情似乎平復了，於是丟下一句：「我還是會繼續用，你們可不要再出包了！」接著就把電話掛斷。

說真的，我內心充滿疑惑：「都嫌成這樣了，為什麼還要繼續用？」我寧可顧客直接找別家公司服務。

「我到底是招誰惹誰了？」當時的我，內心滿是忿忿不平，而且因為壓力沉重，我甚至打從心底討厭那些奧客。

當天下班後，為了排解壓力，我找部屬一起去喝酒。一坐下，我便破口大罵：「今天那位奧客，真的是有夠討厭！」

之後有一段時間，我每天都是上班聽顧客抱怨，下班喝酒講顧客的壞話。

說壞話會傳染

直到某天，我跟妻子去吃飯，隔壁桌坐了四位看起來很像上班族的男性，他們滔滔不絕的講著客戶端部門經理的壞話。

「那傢伙真是有夠討厭。」「對啊，就只會出一張嘴，還會啥？」他們肆無忌憚的批評起來。

我在旁邊聽著，心情竟然也跟著變差了。而且，我同時也發現自己是五十步笑百步。

雖然這並非「見賢思齊，見不賢而內自省」，但當下我真的深感慚愧，一個成熟的社會人士，在工作上遇到不滿和壓力，不應該只會講別人壞話！

隔天，部屬向我報告後續進度：「上次那位奧客又打來客訴了，說我們不知長進，一點改善也沒有！真是討人厭的傢伙！」

然而，部屬之所以會口出惡言，完全是我的責任。因為**我總是在部屬面前批評顧客，所以部屬才會有樣學樣**，把「奧客」、「討人厭的傢伙」掛在嘴邊。

當自己說別人壞話時，不只會把壞情緒帶給周圍的人，甚至還會讓別人跟著口出惡言。

講壞話就跟病毒一樣，會逐漸滲透到周遭的人，陷入惡性循環。因此，千萬要戒之慎之，不要讓自己變成散布壞話的起源。

老把別人當敵人，吃虧的是自己

當你在背後道人是非的時候，就會多樹立一個敵人；當你不斷的說某人壞話的時候，就會越來越討厭對方。尤其是，職場上經常碰面的主管和顧客。

雖然講別人的壞話，或許能幫助我們抒發壓力，但是這種負面情緒，卻只會讓你變得更焦躁，反而每天都過得痛苦無比。

如果要從這種痛苦當中解放出來，就要想辦法讓討厭的人消失或是減少。這是每個人的人生必修課。

或許有讀者會想：怎麼可能讓討厭的人消失？其實，還是有辦法的。那就是，你必須明白，**職場上沒有永遠的敵人**。

舉例來說，當你被主管罵得很慘時，多半會把主管當成敵人來看待。這是因為，人在當下往往無法客觀看待自己，不會去思考自己的對錯，會直接把說自己壞話、沒有好感的人視作敵人。

其實，社會上根本沒有所謂的敵人。**你必須對戰的敵人，就是自己的負面情緒**。被罵得狗血淋頭時，如果可以告訴自己：「還好他有指出我的缺點。」、「還好他有及早提醒我。」就不會把對方視為敵人了。

此外，還有一點必須注意。被罵的時候，一定要自我反省：是不是給主管添麻煩？會不會被主管列入黑名單？

面對那些老愛抱怨的顧客和廠商，一樣也要自我反省。

我有把工作做好，讓對方滿意嗎？

我是不是因為做得不夠周到，才惹得對方不悅？

如果是因為自己沒有把該做的工作做好，卻氣急敗壞的怪罪對方，這不是很奇怪嗎？

其實，顧客會客訴，往往是因為他們覺得產品或服務還可以更好，所以才好意提醒。因此，**顧客其實對你或你的公司寄予厚望**呢！

被他人責罵時，請想一下原因是不是出在自己身上

OK

「可以學到很多。」
「下次希望把工作做得更周到。」

NG

「老被主管噹。」
「煩死了，到底有完沒完……。」

5 讚美別人，語氣最忌上對下

我曾在 YouTube 某節目談到人生話題，當時有位很想結婚的女性說：「因為我無法喜歡一個人，所以對結婚很沒有自信。」

這位女性表示，當她發現對方的缺點後，對方在她心目中的分數就會降低，這就是她無法喜歡一個人的最大原因。參加聯誼時，即使出現讓她頗有好感的男性，也會因為筷子的拿法很奇怪，或是說話不夠幽默等缺點，令她打退堂鼓。

因此，每次參加聯誼後，她總在回家的路上感嘆：「要找到好對象，真的好難！」其他參加節目的單身女性們，也紛紛附和：「我懂那種感覺！」由此可知，這是許多未婚女性的共同煩惱。

對於這些對婚姻有所憧憬卻苦無對象的女性，我認為盲點就在於，很多人都是從「扣分」的角度來挑對象。也就是，只看到對方的缺點。然而，要找到好對象，絕對不是只會挑剔對方，而是要**用「加分」找出對方的優點**。

例如：「拿筷子的方式雖然不好看，但是吃飯總吃得津津有味，感覺很有活力。」或是「雖然沒有幽默感，但是感覺人很好，總是努力炒熱現場氣氛。」

尤其是聯誼場合，大家都是第一次見面，如果著眼點放對了，就會大幅提高成功配對的機會——因為當你能夠看見對方的優點，就會有好的邂逅。

此外，**一定要具體讚美對方的優點**。不要羞於開口，一定要盡量傳達給對方。當對方聽到誇讚時，不只心裡會覺得高興，也會對你產生更多的興趣和好感。

人都喜歡被讚美。當別人對你產生興趣和好感，自然也會想要發現你的優點，以及對你說好話。**像這樣，當你能夠多看別人的優點，身邊自然就都是好人，人際關係的壓力同時也會減輕不少。**

這種讚美，不如閉嘴

我到企業舉辦人際溝通的研習講座時，經常會教大家如何運用讚美的技巧，與同事建立良好的溝通。

不過，研習講座結束後，有不少聽眾向我反映：「我知道要多讚美別人，但是很難每天都做到吧？」

確實如此，假使每天都誇讚對方一句話，用不著多久就詞窮了吧？找不到優點時，如果勉強講好話，那就不是出自真心，而是阿諛奉承而已。

這種不是發自內心的話，又要如何打動對方？

講好話，要一次到位

在此，我要介紹一個萬用溝通祕訣，讓你不必每天說，只要說一次，就能與對方建立起良好關係。

這個祕訣，就是**找出對方正面影響自己的優點，並且加以讚美**。

當你發現對方的優點時，不要急著說出口，要進一步告訴對方，他的優點如何為自己帶來正面影響，這就是最高明的說話方式。

假設有一位新進的男性職員，他在公司總是爽朗且精力充沛的跟同事說：「早安！」、「謝謝！」

如果想稱讚這位男性，你可以說：「總是很有精神、很開朗。」或是「很有禮貌，會跟人打招呼和表達感謝。」不過，這樣還不夠。因為這是上對下的語氣。

這位新進職員的言行，對你有哪些正面影響？你應該多表達自己的感受，然後試著具體說出自己受到的正面影響。我們不妨用以下的話語試試看：

「看到○○○每次跟同事道謝，都很爽朗且精力充沛，因此我也覺得精神百倍，心情跟著明亮起來了！」

這樣的表達方式，你覺得如何？

祕訣，就是直接告訴對方，**他的優點對自己產生了何種正面影響**。**這種讚美方式不是上對下，而是讓對方感受到你的敬意**。

再者，如果告訴對方，他的優點對自己產生了正面影響，他也會非常高興。這是因為，**人都渴望自己能夠對別人產生影響**。前面提到的新進男

讚美語氣要避免上對下

OK

「只有你可以幫我的忙！」

「我也想要跟你學習。」、「好厲害！」

NG

「你不是做到了嗎？」

「你做得很好！」、「做得不錯嘛！」

性職員，他會很高興的想：「原來我的行為可以讓周圍的人提振精神，變得心情開朗啊！」或是「既然如此，那我更要真誠的打招呼和致謝。」

當人受到誇讚，察覺到自己的長處，就會變得更加自信。

「讚美」是語言的禮物。多講好話，讓對方高興吧！

第二章

不以自我為中心，人生順一半

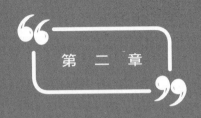

6 多想「已經做到的」，自信就來了

你在什麼時候最容易感到煩躁、沮喪呢？

以前，我總覺得那些不認同、不了解我的人，都是一些討人厭的傢伙，而且因為難以相處，我還經常為此感到萬念俱灰。

後來，我才意識到，當時的我太在意別人的眼光。尤其是剛出社會的前幾年，我從事業務工作，滿腦子只想著如何提升業績。「只要拿下這件案子，別人對我就會刮目相看。」這是當時我最在乎的事。

因此，如果我的績效考核沒有得到預期中的評價或誇獎，反倒被指出哪裡做得不好時，我便會想：「為什麼沒有誇獎我？」、「虧我付出這麼多努力！」內心是既煩躁又失望。

可以失望，但不要沮喪

某天，在公司已有三年資歷的前輩邀我去喝酒，他對我說了一番話。

「你不能只是沮喪，沒被別人肯定的時候，你更應該要努力提升實力！不管是金錢還是回饋，不如預期會失望是很正常的，所以你也不要太在意結果了！」

這位前輩曾在公司創下最高業績，是大家無比景仰的對象。沒想到，連備受眾人肯定的前輩，都勸我**不要太在意別人的評價和結果**。而且他還說：「沒被別人肯定的時候，你更應該要努力提升實力。」自此，讓我對工作的想法大為改變。

為了提升實力，我決定把重點放在工作態度和自我成長。例如：「針對這個工作，是否已經做足準備？」、「這份工作雖然很辛苦，但是可以獲得寶貴的經驗。」換言之，比起評價與結果，更重視工作本身。

除此之外，我也將目標設定成：「自己對工作的投入有多少？」、「從工作學到了哪些經驗？」並藉此**重視自己內心的充實感**。

如此一來，即使付出沒有得到相對應的成果，我也不再沮喪無比。這是因為，我自有一套衡量標準及目標。

我獨立創業後，聽過不少經營者都說：「**當公司有危機的時候，眼裡只有考績和薪水的員工往往跑最快，所以我不會讓他們擔任要職**。相反的，那些能夠做好分內工作，不求評價和回饋的員工最值得信賴、也最適合擔任要職。」由此可知，優秀的經營者，眼睛都是非常雪亮的。

我目前在日本富士電視臺談話節目《真的假的ＴＶ》，擔任評論嘉賓。節目主持人以明石家秋刀魚為首，清一色都是當紅藝人，其他嘉賓也都是各專業領域的翹楚。老實說，不管事先做了多少準備，一旦正式錄影，我還是會很緊張，甚至無法好好說話。

我只有五十分 vs. 我至少有五十分

因此，通告結束後，回家的路上，往往是我最煎熬的時候。我常常覺得沮喪無比：「那段評論說得不好。」、「前輩特意 cue 我，我卻回答得不好。」我總是陷入自我厭惡中，很少給自己「學到了寶貴經驗」、「自己又成長了一些」等正面鼓勵。

不過，快要到家的時候，我又會燃起鬥志。你知道，為什麼我的心境可以在短時間內產生如此大的轉變嗎？

這是因為，除了自我檢討外，我還會做一件事。

那就是，**積極的肯定自我**。**「這裡說得很好」**、**「表現有亮點」**，我會找出自己的優點，並誇獎自己的表現。

當表現不如預期的時候，往往會讓人產生「否定自己」的情緒。正因如此，與其在意哪裡表現得不好，不妨著眼於你已經做到的。如此一來，就能大幅縮短灰心喪志的時間。

每當壓力來襲，不妨告訴自己：「我至少有五十分！」請想著「我已經有五十分」，而不是「我只有五十分」。以節目通告為例，現場錄製節目不可能重來，就算表現得不夠好，也只能往好的方面想。我告訴自己：「至少前輩覺得我很有梗。」、「主持人讓我發言，代表他很信任我！」

為什麼是五十分？這是因為，下次還有五十分的進步空間，只要這樣想，我就能自我激勵，並且下定決心：「下次通告，我一定會表現得更棒、更好！」

明石家秋刀魚有句名言：「**覺得沮喪，代表對自己過度期待**。」不要對自己過度期待，著眼在已經做到的，告訴自己「至少有五十分」，就不容易灰心喪志。

先給自己五十分，還有五十分進步空間

OK

「我已經做得很好！」、「這裡做得很好！」

「我至少有五十分。」

NG

「我都做成這樣了，還說我績效不好？」

「反正我就是不得主管緣！」

7 我靠自問自答，化解不如意

你身邊有討人厭的主管嗎？

老實說，我以前當上班族時，在眾多的直屬主管當中，合得來的只有一位。

或許，這和職場壓力來源大多來自主管有關。以我自己來說，我就經常因為與主管不合，所以想辭掉工作。

直到三十歲後半，我才領悟到，就算換家新公司也不一定能遇到好主管。而且，工作一段時間後，我非常清楚**好主管真的可遇不可求，所以為了換一位好主管而離職，實在得不償失。**

把討厭的人當反面教材

因此，我告訴自己：「不要被別人左右，自己的人生要由自己掌握主導權。」於是，我開始試著去調整及摸索解決方法，而不是只會把焦躁和不滿歸咎於主管。

這個時候，我才恍然大悟。我之所以會**感到焦躁和不滿，是因為我對主管有太多的期待**。也就是說，我在心中擅自設定了理想的主管形象，但因為理想和現實有落差，而獨自生悶氣。

「工作能力很強、待人親切，又能引導部屬成長」——我一直覺得，主管應該就要這個樣子才對。但這只不過是我一廂情願的看法，或者也可以說，是我太依賴主管。之後，我開始試著不去預設立場，而是主動挖掘對方值得學習的優點。

當我能夠認同對方優點的時候，或許我就不會再討厭主管了吧？

果不其然，後來，即使主管邀我去喝酒，我都能應對自如，並且把應酬視作學習的機會。

就這樣持續了半年左右，我察覺到一件事。

那就是，這位主管毫無可取之處，他就只會整天一直抱怨：「慣老闆！」、「都不加薪！」、「不補人，是要我做到死嗎？」在這種主管的手下做事，不僅學不到東西，還會讓自己的心情變差。

因此，我把這位主管當作反面教材，並且暗下決定：「我不要變成只會抱怨的人！」

只要事情不如預期，人就容易生氣。

因此，為了不生氣、不焦慮，我們不應對**別人寄予厚望，而是要由自己掌握主導權——自己怎麼想、怎麼做，才最重要。**

和自己對話，減少生氣次數

遇到討厭或難搞的人，我已不再動不動就生氣，而是能夠與他們輕鬆相處。那是因為，我自有一套心法。

當討厭或難搞的人來找麻煩時，我都會在內心先和自己對話（參考下頁圖2-1）；冒出「又來找麻煩了」、「真是氣死我了」的NG想法時，我會改問自己：「發生這種事，要怎麼處理？」

這樣做，不僅能減少生氣的次數，每天也都過得很愉快。

萬一，我像先前提到的差勁主管一樣，只想抱怨的時候，我會改問自己：「為什麼現在會這樣？」、「該怎麼做，才可以改變現況？」

比方說，薪水凍漲，我們不能只把問題歸咎給公司，而是應該藉此思考：「要如何改變，薪水才會提升？」

我一直認為，**人只有笑臉常開，財運才會上門**。因此，針對薪水的問

圖 2-1 發怒時，先在心中和自己對話

怒氣

✕

只會抱怨

「又來找麻煩了！」
「都不加薪！」
「不補人，是要我
做到死嗎？」

○

和自己對話

「為什麼
現在會這樣？」
「該怎麼做，
才可以改變現況？」

題，我會想：「要怎麼做，才可以讓周圍的人高興？」然後盡力做到讓人滿意。

或者是，與其埋怨工作做不完，倒不如藉此修正工作的優先順序，想辦法讓工作事半功倍。如果成功了，還可以把方法傳授給部屬，進而增加團隊效率。

其實，生氣和抱怨的背後，都隱藏著一些訊息，例如：如何改善現況、別人對自己有哪些期待。越是想抱怨的時候，越是修正做法，使人生大幅轉變的契機。

生氣，你就輸了

OK

「從這件事，我可以學到什麼？」
「還有什麼是我應該做的？」

NG

「我真的會被氣死！」
「怎麼會有這種事／人？」

8

「這很簡單吧！」愛吹噓的人多半混得不好

你總覺得自己高人一等嗎？在我還是上班族的時候，曾經覺得自己十分優秀。業績很好的時候，我甚至十分得意忘形。

後來，隨著年資的增加，我在後輩和部屬面前，不僅自視甚高，還經常對他們頤指氣使。與同事相處的時候，我也經常會仗勢欺人。

除此之外，對於那些不聽從指示和命令的部屬或後輩，我也完全不放在眼裡。

直到某天，我的轉捩點來了。

職場溝通，最不想聽當年勇

因為人事異動，我被調到另一個部門當主管，負責完全不同的商品。雖然我的業務經驗很豐富，但因為商品屬性和業務流程大相逕庭，因此我等於是到一個全新的環境工作。

想當然耳，部屬比我還要了解現場，經驗也很豐富。不過，我依舊沒有把對方在眼裡，也不打算向現場的員工請教，態度可說是非常囂張。當時的我，是個極為差勁的主管。

A是我的直屬部屬之一，雖然他在公司已有五年的資歷，但因為他老愛和我唱反調，所以一有機會，我就會對他冷嘲熱諷：「你連這個也不會？」、「這很簡單吧？」、「到底要我說幾次？」

對此，A也不甘示弱的回嘴：「因為你沒有教啊！」、「我就不會啊！」、「我怎麼不記得你有教過？」

某次，我問同部門的主管：「為什麼A老愛唱反調？」同事很吃驚的回道：「怎麼可能？A老實又能幹，我覺得他非常優秀呢！」接著細數A的工作成果和工作態度，還說他在公司的評價非常高。同事的一番話，完全顛覆我對A的印象。

同事大概猜到是怎麼回事，於是提點我：「很多人可能會以為自己頂著主管的頭銜，所以把自己當作上位者。但其實主管只是一種職稱，如何調配資源、讓員工工作得更順利，才是主管應該要做的事。」

在當下，我才恍然大悟。一直以來，我只是頂著頭銜，並沒有真正擔起當主管的責任。我自以為是資深主管，比A地位高，因此動輒對A怒罵，要求他按指示做事。即使A唱反調，我也認為那是對方的個性使然。

雖然我剛進公司的時候，經常挨主管的罵，以為主管怒罵部屬天經地義。但聽了主管同事的建言，我終於體悟到用打壓的態度教導部屬，不僅是最差勁的主管，還會導致彼此心生隔閡。

如何提問，把反對變贊成？

我仔細觀察A平時上班的樣子，以及他和同事之間的相處，發現他總是面帶笑容，而且非常樂於工作。與我印象中那位愛唱反調、任性又討人厭的傢伙完全相反。

我把同事的建言謹記在心，決定負起主管的職責。某次，我詢問A：「介紹商品給新顧客時，你會覺得很困難嗎？」

當時，A的表情有點驚訝，卻還是回答：「顧客一聽到商品的缺點，就不太會買了。」他很老實的說出行銷上的困難。

如果是以前的我，一定會回答：「這根本小菜一碟。」然後再誇張臭屁的指點他一番，但是我忍住了——不再用上對下的態度。

我告訴他：「或許你可以先確實告知顧客商品的缺點，最後再說商品的優點，這樣就可以改變顧客對商品的印象，你覺得呢？」

A聽了我的話，馬上做筆記，他眼神發亮、語帶興奮的說：「真是好辦法！如果只強調商品的優點，會讓顧客擔心自己受騙。這一招我學起來了！」看到A的笑容，我甚感欣慰。

之後，我和A不愉快的過往就此煙消雲散。A經常會找我商量，他的行銷實力漸長，工作表現也非常亮眼。某次，A在公司內部接受表揚，他竟然在發表感言的時候，說：「這次的成果都要感謝我的主管。我很感激他轉來我們部門！」我聽了喜極而泣。

這是我第一次因為工作流下喜悅的淚水。之後，我不再吹噓自己有多了不起，也**不再一副高高在上的樣子**。我強烈的體會到，**協助部屬和後輩等身邊的人發光發熱，自己也會沾光**。這次的經驗，帶給我深刻的人生教訓，至今我依然謹記於心。

當年勇是幹話，懂提問才能解決事情

OK	NG
「有遇到什麼困難嗎？」 「你覺得這樣改，可以嗎？」	「你連這個也不會？」 「這很簡單吧？」

9 別人有聽沒有懂？問題多半在自己身上

你會盡可能的讓對方了解自己所說的話嗎？

我獨立創業，成為顧客處理專家後，曾有科技公司希望我能舉辦客訴應對的研習講座，因此雙方就此進行商談。

在商談的最後，負責人對我說了下列一席話：

「有關提案的 budget（預算），我們會先向公司的 brain（決策者）提出 check（確認）並取得 consensus（共識），但這次研習講座 must 勢在必行。」

我完全聽不懂這段話。

溝通的首要之務，就是讓對方理解。這位負責人的問題，出在他只有傳達，並沒有讓對方真正理解。

在傳達訊息時，雖然傳達給對方就算達到目的，但能否真正讓對方理解，仍須觀察對方在接收訊息後，是否會付諸行動。

四個步驟，讓對方乖乖照做

比方說，交辦工作時，如果只告訴部屬：「這個工作就交給你負責。」但部屬如果有聽沒有懂，當然不會有任何動作。因此，交辦工作的時候，一定要明確傳達以下四項要點：

①為什麼這個工作要交給你？〈**背景**〉

②做這項工作，誰會開心（變輕鬆）？〈**目的**〉

③該怎麼做？要注意什麼要點？〈**做法**〉

④做這件事會得到什麼成果？〈**目標**〉

在我擔任客服中心的主管時，曾有部屬因為壓力太大，而不想接客訴電話。

不過，即使對部屬發怒，甚至大罵：「這是在工作！有什麼好怕！」也無法改變這位部屬的想法和行動。

因此，我對這位部屬說：

「①處理客訴問題時，打電話來的顧客通常都在氣頭上，所以我能理解你不想接電話的心情。不過，你不要覺得顧客是在生氣，他們其實是很傷腦筋的。你只要傾聽顧客的困擾，試著找出解決方法就好〈**背景**〉。②你就把處理客訴問題想成是在幫助別人〈**目的**〉。③比方說，比起解決問題，認真傾聽就能安撫顧客的情緒〈**做法**〉。④處理客訴，的確是件苦差事。但也正因為如此，只要能夠好好做，你在公司的評價就會提升，溝通能力也會大幅進步〈**目標**〉。」

部屬聽了我的話，立刻表示：「好的，我會努力。謝謝主管，我覺得心情輕鬆多了。」之後，他便不再害怕處理客訴電話。

自己想講的話，不是單純傳達就好。請想一想，話要怎麼講，才可以讓對方欣然接受並付諸行動？**人與人的溝通，切記要用能讓對方理解的方式去表達**。

愛說「很扯」，這種人有意見但沒想法

某企業會針對新進職員舉辦客訴處理的研習講座，而每年都會邀請我去演講。我在談話過程中，發現他們很愛用「扯」這個字眼。例如：「我

們公司的規定，你不覺得很扯嗎？」

我認為，這是社群媒體時代帶來的負面影響。許多人習慣躲在同溫層裡，因此對於不符合自己價值觀的事情，或是碰到與自己想法不同的人，往往會覺得難以認同，或是認為這些事都沒有意義，最後僅用一句「很扯」下結論。

不過，當我問起原因時，他們卻又無法明確說出哪裡不好，只是一味的否定與自己價值觀不同的事物。

在研習講座結束後，我安排大家分享實際處理客訴的感想，他們果然還是脫離不了那句口頭禪。

幾乎全部的職員，都異口同聲的表示：「有夠扯！就這麼一點小事，顧客有什麼好生氣的？」、「連這點小事都要客訴，真的是很扯！」或是「太扯了！顧客根本就搞不清楚情況。」

我在客服中心工作的時候，也經常因為顧客根本搞不清楚情況，而心

先肯定對方，再說出自己的想法

OK	NG
「原來還有這種想法！」 「原來有人是這樣想的！」	「我不這麼認為！」 「你怎麼會這樣想？」

生不耐，結果導致顧客更加生氣。不過，後來我發現自己情緒化的原因——我一心覺得對方是錯的、自己是對的。

那為什麼我會認為自己是正確的？因為我只用自己的價值觀和標準看待事情。

不要一味的想「都是對方的錯」，而是要試著接受別人的觀點，來思考別人的看法與自己的不同之處。在職場上，動輒感到不耐煩，或抱怨「〇〇很扯」的人，都是肚量狹小，無法接受別人的價值觀和想法的人。

接觸到不同的想法和價值觀，不要堅持己見，這樣才能與周圍的人建立良好關係。

10 高情商就是刻意裝傻

你想讓大家都喜歡你嗎？

如果可以的話，我很想讓周圍的人都喜歡我。不過，我知道無論多麼努力，還是會有人討厭自己。

我出生於京都，因此我演講時大多用關西腔說話（按：亦稱大阪腔，指日本近畿地區京阪神一帶的方言）。演講結束後，雖然有參加者在問卷上寫：「好像在看綜藝節目一樣，超有趣的！」卻也有參加者表示：「我討厭關西腔，聽了覺得很不舒服。」

每次看到這樣的評語，我都很失落，但是痛苦的經驗會讓人成長。多經歷幾次之後，我學會告訴自己：「被人討厭是無可避免的。」或是「即使被人討厭，也沒關係。」

高情商的人，從批評看到成功關鍵

為什麼我能夠這樣想呢？這是因為，我不想失去自我。我不想為了討人喜歡，盲目的改變自己，希望能保有自己的個性。

既然無論怎麼做，都難免遭受批評，或是被人討厭，那我就堅守本心就好。這樣一來，我也就輕鬆自在多了。

不過，我也不是不聽別人的意見。在客訴應對的演講中，我都會告訴大家，客訴就是一種建議。從客訴可以學到許多事，不妨**把客訴視為改變工作方式的契機**。

此外，我也發現，**約有一成的客訴案件是非常具有建設性的**。

在演講結束後的回饋問卷中，我曾看到這樣的回答：「我知道客訴處理應該做些什麼，但更想知道有哪些事絕對是NG的？」

當時的我，從沒想過可以用這個角度談客訴處理。原來，除了SOP的固定做法，也會有人想知道NG做法！

之後，我開始分享我曾讓顧客大發雷霆的失敗經驗。結果，演講會場的笑聲此起彼落，聽眾紛紛表示：「我得到了勇氣。」、「很高興聽到您的分享。」演講會的好評急遽增加。而且，承蒙大家口耳相傳，之後全國各地都有人找我去演講。

用裝傻來貼冷屁股

寫這本書的時候，我訪問了經常為人際關係苦惱的二、三十歲上班族。透過訪問，我發現**不擅長人際溝通的人，大多有一個共同點。那就**

是，很怕被人討厭，所以經常勉強自己配合別人。

至於為什麼怕被人討厭，經常勉強自己配合別人，他們表示：「不想被討厭。」或「不想在團體中，顯得特立獨行。」

確實如此，站在公司的立場，需要的是循規蹈矩、能配合公司的員工。不過，其實應該也有不少人是迫於無奈才接受。

尤其，近年來人們總認為察言觀色、討人喜歡才是處世之道，但其實，這是很危險的風氣。因為，人們會以為所謂的人際溝通，就是學會如何討人喜歡。

可是，正是因為太害怕被人討厭，所以才會變得不善人際溝通吧？越是犧牲和壓抑自我，就會累積越多壓力。每天都如此壓抑自己，又怎麼能夠過得快樂呢？

那麼，該怎麼做才好？我建議大家，**有時也要裝傻**。

如果你有那種老要你工作吃苦當吃補的主管，你就應該想著：「如何才能愉快的完成眼前的工作？」與其害怕被人討厭，而焦慮不已，不如學習不迎合別人，讓自己微笑發亮吧！

搭計程車的時候，各位一定也遇過話很少的司機吧？遇到這種情況，如果抱怨一句：「好歹也回應一下吧！」可能就會招惹麻煩。

當我遇到這種司機，在抵達目的地時，我會遞上一千日圓，然後搭配最閃亮的笑容說：「謝謝您！錢不用找了！」其實，車資只有九百九十日圓。沒想到一臉吃驚的司機在收下錢後，竟用判若兩人的態度，笑咪咪的回應：「非常謝謝您！請別忘了隨身物品。」

面對下一位乘客，這位司機也許就會改變接待客人的態度。這就是**笑容的魔力**。

刻意裝傻這種事，真的需要一些勇氣。有時候，對方給你的回應可能不如預期。不過，與其害怕被討厭，勇敢嘗試反而讓自己鬆了口氣。

害怕被人討厭，當然做不了自己

OK

「被人討厭，也沒關係。」
「我可以從批評中學到很多東西。」

NG

「我不想被別人討厭。」
「我也不想惹人嫌。」

11 這樣想事情，ＡＩ就取代不了你

當我遇到不想做的事時，總會抱怨一句：「人生好難！」

某次工作，我有幸與一位ＡＩ（artificial intelligence，人工智慧）領域的專家會面。我們都知道，當ＡＩ日益發達，人類的工作就會越來越少。在談話過程中，我對某些話印象非常深刻。

這位ＡＩ專家說：「只知固守眼前的金錢和安穩生活，卻無法投入工作的人，未來將會被淘汰。尤其是只做分內工作的人。」他還預測：「嘴上說，在家工作可以省下通勤時間，結果卻在家偷懶的人；以及不在乎工作、無所事事的人，在未來都將淪落街頭。」

人人都該學的贏家心態

如果無法自發性的努力工作，在未來就會被淘汰。

聽完這些話後，我問：「在未來，什麼樣的人才可以生存下來？」他說：「**即便再辛苦，也能樂在其中的人。**」

對於任何人都避之唯恐不及的事，還可以毫不抱怨、樂於接受的人，在未來將炙手可熱。這個回答雖然讓我有點意外，我卻非常認同。

重點在於，能否樂在其中。即使未來ＡＩ如何發達，麻煩的工作和人際關係也不會消失。既然如此，工作的時候，我們應該盡量消除「真討厭」、「好痛苦」、「好想逃避」的想法，努力讓自己過得自在充實。

以我來說，我的工作是專門處理客訴和突發狀況，應該也算是個棘手的工作。不過，當我改變想法，認為這份工作可以解決顧客的困擾、很有意義後，我就不再只會抱怨而已。

面對棘手的事情或工作，我們要如何把它們轉換成有意義和有價值的事情呢？

我想與大家分享一則例子。在我的顧客當中，有一位社長原本是音樂家，因為放棄夢想，才改當上班族。

在他還是個業務員時，有些故事很有意思。他說，當主管對他怒罵時，他會想像成：「製作人正在唱歌。」如果被主管要求加班或是假日上班，他會對太太說：「我終於爆紅了。」、「沒辦法，又有粉絲要求演唱會加場了。」

不同的說話方式，可以讓看事情的角度變得積極正面，這種轉換能力真的很重要！

在工作上遇到棘手的事，可以試著調整視角，面對難搞的對象，也可以如法炮製。你的身邊，有哪些人特別難搞？

說話帶數據，才能說服人

在我還是上班族的時候，曾遇過難以溝通的主管，以及讓人大傷腦筋的部屬，所以我算是身經百戰。

那位主管之所以難以溝通，是因為即使我已向上呈報，他還是會反覆確認、問個不停。雖然我也可以把這當作一種關心，但是後來，我改變了報告的方式。

主管之所以會頻繁詢問工作進度，有可能是因為我只有傳達個人的意見。例如：「工作進度沒有問題。」、「月底可以達成目標數字。」因為我沒有提出證據或是確切數字，導致主管**因數據佐證不足而感到不安**。

當我注意到這點後，我換成另一種說法：「對方表示一切進展順利。」、「目標數字已經達到八成，接下來在三間公司之中，只要有一間向我們訂貨，就能達成目標數字。」之後，主管就不再過問工作進度。

換句話說，**報告自己的意見缺乏說服力，必須運用「證據」和「數字」，才能說服對方**。至於那位問題部屬，因為我實在是苦無對策。於是，我便向那位放棄夢想、改當上班族的社長請益一番。

他問：「你看他哪裡不順眼？」

我回答：「他會說謊。明明業績表現得不怎麼樣，卻老是東張西望，一副無所謂的樣子，您不覺得很差勁嗎？」

我原本以為社長會認同我，可是他卻一臉嚴肅的回道：「原來如此。不過，他會撒謊，應該是想維護自尊吧？至於東張西望，或許是他注意到一些不為人知的事情吧？你就一笑置之吧！」

社長的意思是，**如果看對方不順眼，方法不是改變對方，而應該改變自己評價對方的方式**。因此，如果遇到讓你覺得傷透腦筋的人，或許正是改變自己想法的好機會！

改變看事情的角度，不幸也會變好運

OK

「這或許是改變自己的機會。」
「搞不好會很有趣！」

NG

「我完全不想看到那個人。」
「這我不行。」、「我可以不要做嗎？」

第三章

好人緣非天生，吃得開的說話方式

12

人都有喜歡被請教的虛榮心

以前的我，曾經很希望自己是個十全十美的人。為了成為充滿領袖魅力、受人景仰的人，我甚至讀遍市面上的暢銷商業書籍，並且努力實踐那些方法。

在我決定成為客訴管理顧問時，我的第一個目標，就是出版一本自己的書。為了結交傑出的作者、向他們請教寫出暢銷書的祕訣，我還經常參加作者的演講和新書發表會。結果，我發現一件事。

那些傑出的作者，其實也不是很有領袖魅力，都是很隨和、穩重、謙虛，把姿態放得很低的人。

弱者愛逞強，強者懂示弱

某位作者在書中曾寫道：「人生苦短！不要瞻前顧後，做了再說！」我因為深受感動，把他的著作拜讀了好幾遍。但在某次出版紀念演講時，他一開始就滿臉侷促的說：「今天的聽眾真的好多，我好緊張啊！」我當時聽了，真的超級吃驚！

他的這番話，讓會場的氣氛瞬間熱絡了起來。大家都以為，作者會很嚴肅，結果聽到作者這麼一說，原本氣氛緊張的會場，馬上就變得輕鬆愉快。後來，這位作者還說：「糟糕，我忘了要講什麼內容了，誰來幫我一下好嗎？」如此不斷的自我吐槽。看到作者呈現與書中截然不同的性格，聽眾不僅反應熱烈，還很捧場的聽完整場演講。

參加這場演講後，我終於了解這位作者為什麼如此受人景仰。那就是作者**很強大，但他同時也能夠示弱，把自己的缺點展現在眾人面前。**

想讓別人看到自己最好的一面，這是人性。不過，這位傑出作者竟然在眾人面前，毫不在意的說出：「誰來幫我一下好嗎？」能夠如此表現，正是因為他的內心足夠強大。

其實，這個故事還有後續。我在演講之後的聚會，終於有機會跟這位傑出作者直接對話。

我緊張的開口詢問：「請問要怎樣做，才可以出書呢？」他卻反問：「你現在有帶書稿嗎？」我回答：「沒有，我接下來才要開始寫……。」於是他告訴我：「想出書的人，首先要寫好稿子，把書稿隨時帶在身上，才能推銷自己啊！」聽到這樣的回覆，我羞得滿臉通紅。那次經驗，真是令我難以忘懷。

「人生苦短！不要瞻前顧後，做了再說！」那位傑出作者在書中寫的這句話，我完全沒有做到。為此，我深刻的自我反省。

拉不下臉拜託？你要掌握人的虛榮心

自立門戶後，我開始面臨嚴峻的事實。那就是，我什麼都得自己來。我有太多不擅長和不懂的事。尤其是會計和稅金，我完全一竅不通，必須從頭學起。

當業務的時候，可以專注於提升業績；在客服中心工作，能夠練就一身溝通的本領。現在想想，我真是太幸運了。在上班族時期，我之所以可以專心投入眼前的工作，原來都是因為公司為我們提供良好的工作環境。

不過，如今我也體認到，**不需要事事追求完美**。面對不擅長的事，或是不夠了解的領域，可以找專業人士負責，或是請教專家就好。

比起變成十項全能，不如懂得適時拜託或請教別人，工作才更容易步上軌道。

某位從事人事工作的朋友曾經告訴我，許多成績斐然的人擔任主管，往往容易陷入低潮。因為這種人習慣凡事親力親為，不懂得交付工作給部屬，或是其他部門的同事，所以經常陷入低潮。即使遇到不懂的事，他們也會因為不想麻煩別人，無法放低姿態向人求助。

現在回想，當初我被發派到客服中心時，雖然一開始對客訴處理一竅不通，但我的虛心求教，讓我終於可以自立門戶，成為獨當一面的顧客管理專家。

除此之外，我還曾經向銀座媽媽桑請教客訴處理的祕訣。托大家的福，我才可以在短時間內學會客訴處理的心法和要訣。這些向別人請益得來的知識，也成為我寶貴的財產。

他們特意為我空出時間，總是面帶微笑，耐心的教導我，我至今仍銘記於心。我發現，**人其實都好為人師**。因此，**不要什麼事都攬在自己身上，偶爾不妨向周圍的人示弱、求助**，事情或許就能圓滿解決。

與其自己做到死，不如向別人示弱求助

OK

「可以請你幫忙嗎？」

「這個我不會，請你教我好嗎？」

NG

「沒問題，交給我吧。」

「好，我再試試看。」

13 這樣拒絕，對方反而感謝你

以前因為總想當好人，所以不懂得拒絕別人。在我還是上班族的時候，我總認為能者多勞，因此就算已經超出自己的能力範圍，我還是會努力把工作做完。即使手邊還有工作，我也會因為迎合對方，勉強承接下來。

在我任職客服中心時，甚至被其他部門委託，代為處理客訴案件。當時的我，只覺得如果事情能圓滿解決，對方一定會感謝我。

這種情況持續了好一陣子。直到我的後腦勺突然出現圓形禿，我才發現到自己的身體早已出現異狀。

小心好人當不成，變惹人嫌

身體不會騙人。即使我想迎合別人的期待，但是太過勉強自己，結果反而使精神累積過多的壓力，所以才罹患了圓形禿。那段時間，為了掩飾掉髮的部位，我每天都很傷腦筋。

迎合對方的期待這件事本身無所謂對錯，不過，如果搞得自己壓力過大，那就不應該了。因此，我決定不再勉強自己，我一邊尋找生髮的良方，一邊學習如何聰明的拒絕別人。

撇開生髮的問題不談，為了學習拒絕別人，首先我必須改掉迎合別人期待的習慣——這種想法本身就是最大的問題。

一味的討好別人，最終只會被呼來喝去而已。

因此，我不能再對別人的委託照單全收，我應該專注在自己真正該做的事。而且，為了避免任意受人差遣，一定要拿出說「ＮＯ」的勇氣。

更何況，其他部門的客訴案件，原本就不該交給我處理。雖然我很後悔自己的好心被利用，但是我覺得自己的心態更不可取！

不想把場面搞得太僵，對別人拜託的事都照單全收，結果反而讓自己吃了大虧。

這樣回絕別人，能留下好印象

被別人拜託時，我不想直截了當回絕對方。於是，我摸索出了一套可以聰明拒絕別人的方法。

那就是明確告知對方：哪些事做得到、哪些事做不到。也就是，**雖然回絕了對方，但同時也傳達自己會盡可能幫忙**。說實話，我是在客服中心處理客訴案件時，才學會了這種交涉法。

處理客訴案件時，經常會遇到顧客提出不合理的要求。有一次是我們合作的渡假飯店的案件，顧客打來客訴：「我們想訂海景房。」可是飯店的空房只剩下一間，能夠看到海邊的房間，都已經被預訂了。

於是我告訴他：「真的很抱歉，已經沒有空房了。」顧客卻態度強硬的說：「你們不會挪一間出來嗎？我是你們的老客戶了，你們是這樣服務的嗎？」我因苦無對策，最後只得請示飯店經理。

經理告訴我：「雖然這次沒有辦法答應顧客的要求，但我們可以跟顧客說，還有一間可以看到夜景和日出的房型。」

我馬上按照經理的話轉達顧客，沒想到顧客竟爽快的回答：「那就麻煩你們了。」於是，該次的客訴順利解決。

原來，我們**跟對方說「做不到」的同時，如果也告訴對方「什麼事可以做到」，就不至於給對方留下壞印象**。之後，當我又被其他部門委託處理客訴時，我就學會用下列的話給予對方建議。

「我沒有辦法幫你處理客訴，但是我可以教你處理的方法。」

勉強當好人，最後就是惹人嫌

OK	NG
「我無法答應，但我可以協助……。」	「放心，都交給我處理吧！」

結果對方回答：「您真的要教我嗎？那就麻煩您了！」於是，我把應對客訴的方法告訴對方，他也處理得很順利。之後，其他部門也不再拜託我處理客訴了。

拒絕別人的拜託，並不會招人怨恨。如果無法幫忙別人，只要可以提供其他好處，或是就比較擅長的領域給予一些援助，就不至於與周圍的人鬧僵。

拒絕別人的拜託時，也想一想自己能夠幫忙什麼吧！

14 成功經驗，說多了沒人想聽

我以前自尊心很高，也對自己充滿自信。但同時，我也很害怕失敗時被人調侃或是看輕。對我來說，那是一種屈辱。因此，為了避免出醜，我總是想盡辦法避免失敗。

不過，我剛到客服中心工作時，卻經常因為處理得不好，招惹顧客生氣，總之就是挫折不斷。「不應該這樣的呀？」、「明明應該表現得更好……」我的自信心每天都飽受打擊。

當業務的時候，因為我經常處理客訴問題，而且都處理得很順利，所以我一直覺得這是自己的強項，也經常對同事吹噓我的豐功偉業。

成功的人，都不提豐功偉業

被調到客服中心後，雖然挫折不斷，但是愛面子的我，終於想到一個好辦法，工作也從此漸入佳境。

那就是，不妨笑看失敗，**把失敗變成有趣的故事**。

不等別人嘲笑，我自己先把失敗當成笑話看待。這種把悲劇變成喜劇的方法，就是拜我的愛面子所賜。

被調到客服中心後，我常和業務時期的前同事一起喝酒。他們都會問我：「客訴處理的工作還好嗎？」

如果是以前的我，應該會逞強回答：「還好啊！」然後拚命掩飾自己的挫折。不過，我跟他們分享了我的失敗經驗。

我說，有位顧客在住宿當天取消訂房，卻表示不願意支付取消費用，我竟失言回覆他：「顧客您好，請問您是參加拒買活動（Boycott）

嗎？」顧客聽了冷冷的訓斥我：「我又不是要拒買。」

「你這個故事真是太好笑了！」前同事聽了，都樂不可支。

分享失敗故事，讓你值得信賴

不用豐功偉業撐起面子，我把原本羞於啟齒的失敗經驗，變成能夠與人愉快對話的笑點，才發現原來失敗並不可恥。

當我發現，分享失敗經驗可以讓大家開心時，我又希望**自己的失敗經驗可以成為別人的借鏡**。

於是，我開始向部屬和後輩公開我的失敗經驗，希望他們不要重蹈覆轍。我交代工作的時候，也會根據自己的失敗經驗，提醒他們哪裡容易出錯，請對方多加注意。如此一來，部屬和後輩就會有所警惕，避免犯下相同的錯誤。

聽到我這樣做，其他部門的主管們都表示：「這樣會不會對他們太好了？」但是我覺得，**只有累積夠多成功經驗的人，才能夠從失敗中學習！**

部屬和後輩當中，應該很多都是新進員工，或是剛從其他部門調派過來，還沒有太多的成功經驗。

如果在一開始就遭遇失敗，很容易就一蹶不振，更不用說從失敗中學習。因此，主管和前輩應該公開自己的失敗經驗，並協助他們更快進入狀況。累積許多成功經驗後，他們就能建立起自信。

許多頂尖的業務員，為了讓顧客買到自己真正需要的東西，也會分享自己曾經遇到的客訴和問題。這就是透過資訊的分享，來獲得對方的信賴。

我在客服中心擔任主管時，曾負責面試新進職員。

與我一同參與面試的人事部長，每次都會刻意詢問應徵者：「你曾經遇過最挫折的事是什麼？」

把失敗經驗當故事分享

OK	NG
「你們知道嗎？我超糗的！」 「那件事說來，真是丟臉……。」	「小事一件，我可以的！」

由於是在面試，為了避免留下壞印象，幾乎所有人都只講了一點失敗經驗，但也有人據實回答。

人事經理非常肯定的說：「能夠坦白說出失敗經驗的人，最值得信賴。假使闖了大禍，也不會有所隱瞞，一定會盡快報告主管！」於是，那些毫不避諱說出失敗經驗的面試者，馬上就被錄取了。

他還告訴我，害怕失敗的人，一旦發生事情，經常是知而不報，等到問題無法收拾時才會向主管報告，所以風險很大。由於我有類似的慘痛經驗，所以聽了覺得很慚愧。

因為有當初的失敗，才有今日的成功。

15 有本事的人沒空跟人比較

我年輕的時候很好強，做任何事都全力以赴，但是一跟人比較，又容易患得患失。

雖然我知道這樣很不好，但我一直很想出人頭地和往高處爬。所以，只要無法拿下我想做的項目，或是看到其他同事負責重要的工作時，我都會抱怨：「到底憑什麼？」、「我可以做得更好。」認為自己並不輸給任何人。

現在回想起來，自己真是小家子氣。如果把格局放大來看，在一間公司裡計較誰的表現比較好，根本是小事。我竟然只**因為一點小事就影響情**

緒，讓自己灰心喪志。

不過，當我被調到客服中心後，慢慢的就不再有這樣的想法，也不再經常和人比較。老實說，接到客訴時，許多人都把客訴當燙手山芋，但其實顧客才是真正困擾的一方吧！

如果不是遇到棘手的問題，顧客怎麼會吃飽沒事打來客訴？所以，我都會盡力協助顧客解決問題。

創造一項你最擅長的事

我每天都在聽顧客發脾氣，光是應付就吃不消，根本沒有和他人比較的閒工夫。我最常思考的，反而是「如何讓顧客轉怒為笑」。

雖然我還是會遇到很多挫折，但是我也慢慢摸索出一套**把吃了虧變吃得開的對話術**。

我的工作是處理客訴，但也因此學到寶貴的專業技術，使當時的我信心大增。

我終於發現，與其和他人爭高下，**發展自己擅長的領域，讓眼前的人綻放笑容，這才是更重要的！只知與他人比較，並不會為自己帶來快樂。**

自立門戶後，我接觸過各種企業，我發現，賺錢的企業都有一項共同點——他們想的不是如何贏過同業，而是傾盡全力提升自家的技術和服務，只為了解決顧客的問題。

只做喜歡的工作，最容易失敗

「我想把興趣變成工作。」、「現在的工作不是我想做的。」我的讀者曾找我談及上述煩惱。我都會回答：「我看過太多人做喜歡的工作，最後卻後悔了。」

有人想成為廣告撰稿員，所以到廣告公司上班。才第一年，他就被派去當業務員。他不斷向公司抗議，在第三年，他終於做到心心念念的廣告撰稿員，但是由於不擅長傾聽顧客的需求，所以一直沒辦法順利接到案件。如果當初他有認真做好業務員的工作，或許就會擁有善於傾聽的能力吧！

還有人在啤酒公司工作超過十年，看到居酒屋老闆們樂在工作的樣子，也興起辭掉工作自己經營居酒屋的念頭，但是他對經營一竅不通，生意一直無法上軌道，最後竟然背負了大筆欠款。

其實，很多人為了做喜歡的工作，或是一心嚮往的工作，最後往往落得失望後悔的下場。

所以，**「做喜歡的事就會順利」，這句話真的聽聽就好**。

我的朋友當中，有許多是商業書籍的作者，他們原本都是上班族或是公務員。他們在工作上鍛鍊出技術和知識，為了分享給更多人知道，所以才會寫書。

我和他們聊天的時候，發現了一件很有趣的事——他們一致表示：「作夢也沒想到自己會出書！」

日本人氣作家齊藤正明是人力顧問，曾被公司逼著登上鮪魚船，漁夫們互助合作的樣子使他深受感動，他把從中學到的幸福工作法和溝通方式，撰寫成書。此外，面對突發情況，如何充分掌握現有資源克服難關，他也親身經歷過。

做自己想做的工作，聽起來好像很令人憧憬。不過，**就算做的不是自己想做的工作，只要能夠全心全意達到對方的要求，自然也會走出一條光明大道**。

因此，請全心投入你目前的工作吧！你一定能讓別人的生活變得更好，或是學到解決問題的能力。這些能力用來幫助別人，就會轉化成欣慰和喜悅。

老和他人比較，不如走自己的路

OK

「我有～能力／我會做～。」

「我很擅長～。」

NG

「他憑什麼當主管？」

「我只想做自己喜歡的工作。」

體會到這種喜悅，我們就會在自己擅長的領域更加努力，努力的成果也會成為個人的存在價值。屆時，你已經成功建立屬於自己的強力品牌。

16 丟臉，是進步最快的方法

以往的我，只要遇到瓶頸，就會告訴自己：「沒辦法了。」、「對我來說太難了。」每當遇到困難的工作，我不僅沒有盡力處理，還一下子就妥協，覺得有做就好。

人一旦輕易妥協，就會習以為常。「我就爛」、「哪有什麼辦法？」當這些話脫口而出，你不僅無法保持現狀，還會繼續向下沉淪。

以前的我，為什麼這麼容易妥協？

問題就出在沒有明確設定自我目標。

我不知道自己的目標、想要得到什麼，因為**沒有設立目標，所以凡事**

都輕易妥協，只求蒙混過關就好。

成功的條件：先決定你要成為什麼樣的人

「想出人頭地」、「想加薪」這些目標固然很好，可惜最終的決定權，都掌握在公司或主管手上。

「想要學會什麼技能？」、「想要學哪些知識？」我們應該把目標設定在加強自我實力。也就是，**決定我想成為什麼樣的人**。

換句話說，無論你遇到什麼樣的狀況，只有渴望獲得實力、想要表現到最好，工作才能樂在其中。

一個人如果沒有實力，即使地位提升、財富增加，也可能在瞬間就失去所有。所以，一定要鍛鍊實力，絕對不能輕易的妥協。

回想過去，我就有類似的慘痛經驗。

當時，我被調派到相關企業擔任業務主管，由於無法適應新公司的企業文化，導致團隊的銷售成績毫無起色。而且，因為溝通不良，部屬也不願意遵從我的指示。當時的我毫無作為，只覺得自己能力不足。我完全喪失自信，覺得孤立無援。

就好像站在原地，等待暴風雨過境一樣，我只能被動的等待狀況改變。但是，如果不採取行動，狀況根本不可能改變。結果，我被調回原來的公司。這件事讓我覺得很丟臉，但是追根究柢，也是我的意志力太過薄弱。

回到原本的公司後，我被調派到客服中心。

「去客服中心處理客訴吧！這算是對你管理不力的處罰。」這是公司下的處分。當時的我，覺得自己真是丟臉丟到家了。

不過，被調到客服中心後，我暗自下了一個決定：「我不再輕易妥協了，我要改變自己！」

我決心不再重蹈覆轍，於是為自己設定了目標，那就是我要成為組織不可或缺的人才！

對我來說，「妥協」的相反就是「全力以赴」。

總之，就是**不要停下腳步，勇於挑戰**。之前被外調的時候，我之所以不能適應新公司的企業文化，是因為我根本沒有嘗試去融入環境。和部屬溝通不良，也只是藉口而已。自從被調派到客服中心後，我很想改變自己，於是開始主動溝通。

「**我在先前的部門表現不好，打算在這裡重新開始，請大家多多指教！**」我對客服中心的同事據實以告後，大家也只是一笑置之，我心中頓時鬆了一口氣。

那段日子，我彷彿是在贖罪一樣，每天都比別人處理更多的客訴案件。而最後，我也得到某項寶貴的東西。

那就是**自信**。我脫離毫無作為、原地踏步的自己，終於找回自信。

看到我這麼積極賣力的處理客訴，同事和部屬們紛紛表示，願意幫我分擔工作。感受到周圍人的援助，我不再覺得孤立無援，每天都工作得很愉快。

正因為有那次丟臉的經歷，我的工作和人生，才可以有如此大的轉變。因此，我相信，**只要你不輕易妥協，並勇於改變自己，任何事都會往好的方向發展**。

\ 多說自己可以做到的，建立自信 /

OK	NG
「我還可以做到更多！」 「我已經盡力做到最好！」	「哪有什麼辦法？」 「反正我什麼咖都不是⋯⋯。」

第四章

懂道歉，走到哪都吃得開

17 工作順利的人，都很會道歉

在職場工作，免不了要因為大小失誤跟人道歉。每個人都曾被主管指責、被顧客抱怨和客訴。

既然道歉的場面無可避免，你是從此失去信賴，還是獲得更大的信賴，取決於你是否有好好道歉。

工作順利的人，都有很大的共同點，那就是「很會道歉」。

我周遭有賺很多錢的投資家、成效斐然的經營顧問，以及行程滿檔的攝影師，還有一年可以接到十筆訂製房屋案件的建商業務。跟他們相處以後，我發現，無論是對人道歉還是低頭，他們都是爬得越高，姿態就放得越低；但也正因為姿態放得越低，才能擁有卓越的成果、崇高的地位。

「我又沒有做錯！」這樣想，就會錯到底

有不少主管覺得地位越高，就越不需要道歉。還有主管一遇到客訴，就不見人影，全都推給第一線的員工去處理。這樣的人，根本不可能受到周圍人的愛戴和信賴。

不擅長道歉的人，大多覺得「自己沒有錯」或是「又不是我害的」。

某次，合作企業的經理對我說：「我有一封客訴郵件，想找您商量。」我看了經理的回信，他在開頭就寫：「我平時都對部屬耳提面命，告訴他們絕對要小心謹慎，卻還是發生這種事。」這種回覆，一看就覺得是在推卸責任。

根據統計資料顯示，有六〇％以上的客訴都不是業者的疏失。

雖然錯不在己，但站在主管和經營者的立場，還是得道歉吧！遇到這種情況，該怎麼做才好？**沒錯，就是要好好道歉**。學會如何低頭，工作和人生都會更上一層樓。

道歉要早，晚了就沒意思

許多人認為道歉很可恥，所以不願意道歉。或許有人覺得，道歉會讓自己處於不利的立場，但是請了解一點：道歉是為了對方而做，而不是自己。

而且，**道歉並不會帶來損失，反而會讓你和對方的關係變好**，除此之外，也能為你帶來好評。

先不管自己有沒有錯，遇到怒氣沖沖或是認為自己蒙受損失的對象，**如果你可以在第一時間表示歉意，至少可以避免事情鬧大**。

曾經有顧客客訴，說：「你們的設施讓我受傷了。你們要怎麼處理？」由於店家在當下認為並無疏失，所以沒有道歉，也沒有採取任何處置，只有向顧客確認情況。

之後經過查證，發現是自己的疏失導致顧客受傷，這才願意對顧客道歉，但此時顧客已火冒三丈：「現在才想道歉太遲了！」比起受傷，沒有在第一時間道歉這件事，更讓顧客難以息怒。

類似的事件經常發生。為什麼會發生這種事呢？

對道歉的牴觸心理，以及**沒有掌握道歉的最佳時機，這才導致情況無法收拾**。

「我們的設施讓您受傷了嗎？對您造成不便，真的非常抱歉。請問您受傷的情況還好嗎？」如果一開始就確實道歉，之後再確認狀況，事情應該不至於演變至此。

我還有一件慘痛經驗。某次主管指責我：「為什麼沒有和顧客約好時

學道歉，是每個人的必修功課

OK

「真的非常抱歉，是我沒有確認好。」

「真的非常抱歉，是我們的疏失。」

NG

「我不知道你在說什麼。」

「我也不知道，你要不要去問別人……。」

間？」我理直氣壯的回答：「是你說要自己聯絡的啊！」雙方陷入爭辯。

雖然是小事，卻搞得彼此很不愉快。其實，根據會議紀錄，應該是由我與顧客約時間。但等到我打算向主管表示歉意時，一切都太遲了——我把主管給得罪慘了。

我再跟大家分享一則例子。

在我居住的大樓，隔壁住戶的寵物叫聲很吵，於是我向管理員反映：「我覺得隔壁住戶有點吵。」管理員馬上道歉說：「造成您的困擾，真的非常抱歉！」我當下覺得很舒心，心想：「這也不是管理員的錯，怎麼會這麼老實對我道歉呢？」

換言之，**人的喜怒，完全取決於對方是否在第一時間道歉！**

18 把對方指責的重點重述一次

前陣子，與我合作的廠商在工作上出包，負責人跑來向我道歉。我表示用電話聯絡也可以，但是因為對方堅持一定要當面道歉，所以我決定與他會面。

要向顧客管理專家道歉，壓力一定很大吧！我想對方已經做足道歉的準備。其實，對不起這句話本身就足以表示道歉的心意。不過，有一點我很介意。

那就是對方的道歉和低頭，沒有同時進行。

我在教導客訴處理原則時，一定會特別說明，**道歉的時候，一定要先**

注視對方的眼睛，再低頭表示歉意。如果道歉和低頭同時進行，由於沒有看著對方的眼睛道歉，對方很可能無法感受到你的歉意。

為什麼我這麼道歉了，對方反而更生氣？

有些部屬常耿耿於懷：「為什麼我明明跟主管道歉了，主管卻還是很生氣？」我想，他應該是沒有看著主管的眼睛道歉，再低頭吧！所以看在主管眼裡，會覺得那只是形式上的道歉而已。

再跟大家分享一則親身經歷。某次，我到附近的人氣餐廳用餐。店家告訴我：「五分鐘後，為您帶位。」但是我卻等了將近二十分鐘。我心想，自己不應該在尖峰時間沒有預約就跑來用餐，於是向店員表示：「我下次再來。」沒想到，店員卻齊聲大喊：「真的很抱歉！」

其實我並沒有生氣，只是想下次先預約好再來。結果，店員卻大聲的向我道歉，讓我覺得自己彷彿是奧客一樣，心裡頗不舒服。

關於這點，我在客訴處理的研習講座，也一定會提到。配合對方的音調和語速說話，會讓對方覺得安心。**對於大發雷霆的對象，或許適合用稍大的聲量表示歉意**。

但前述餐廳的例子，則是完全相反。我平靜的表示：「下次再來。」結果卻得到大聲的道歉。或許店家認為大聲道歉，才足以表達歉意，卻完全沒有考慮顧客的狀況和感受。

一廂情願的道歉，對方根本難以領情，請大家要特別注意。

此外，被主管責罵時，有些人會一直說對不起。

其實，在主管的眼裡看來，這樣的道歉方式，只是代表「我不想被罵」或是「希望主管不要再罵了」。站在主管的立場，會覺得部屬根本不知道自己錯在哪裡。雖然不想繼續說教，但是卻越講越氣，反而罵得更久。

道歉有次數、聲音限制

某些挨罵的部屬，會覺得主管無所不罵、愛說教，讓人很有壓力。但不得不管教部屬的主管，其實壓力也很大。我在責罵部屬後，也經常會陷入自我厭惡的情緒當中。

罵人的主管和挨罵的部屬，各自該如何調整，才得以消除壓力，共同建立良好的人際關係？

其實，只要挨罵的部屬修正一下道歉方式，情況就能大為改善。首先，**被主管責罵時，部屬只要道歉一次就好**。

道歉不要連說好幾次，只要說一次就好。**面對指責，請確實的接受，再鄭重道歉**。

比方說，自己提交的報告書有疏漏、數字出現錯誤，因此被主管責罵。這時，應該坦誠表示：「很抱歉，是我沒有仔細確認好。」對於主管

＼把對方指責的重點重述一次／

OK

「很抱歉，我沒有確實盡到責任。」

「很抱歉，我的態度讓您覺得不舒服。」

NG

「真的很抱歉！真的很抱歉！」

的指責，請確實接受，並表達反省和歉意。

如果因為工作不夠積極被罵，你可以說：「真的非常抱歉，我的工作態度不夠積極！」

把對方指責的重點重述一次再道歉，也是很好的道歉方式。確實接受對方的指責，再針對被指責的部分明確致歉，這點很重要。

先尊重對方的感受，再表達歉意吧！拿出坦然接受的態度，對方會覺得你知錯能改，然後說出：「下次注意不要再犯相同錯誤！」、「加把勁吧！」等激勵話語。

19

最棒的道歉——聽對方把話說完

有些人被主管責罵和糾正時，馬上就會道歉。儘管主管話還沒說完，也會趕緊打斷主管的話。

對於別人的指責和糾正，即使是對方有所誤解，自己並沒有錯，也不**應該急著插嘴，而是要好好聽對方把話說完**。

對方非常生氣時，如果可以讓他把想說的話一口氣發洩出來，場面就會冷靜下來。因此，就算自己沒有錯，也請好好把對方的話聽完。

舉例來說，面對主管的責罵，有些人不等主管把話說完，馬上就說：「我下次會注意。」、「我不會再犯相同錯誤了。」希望藉此消除主管的怒氣。

別人在氣頭上，不要打斷對話

但通常對方聽了只會更生氣，甚至大罵：「閉嘴！聽我說！」主管原本只是想責罵你的工作表現，後來可能越講越多：「你為什麼都不好好聽人說話？這樣誰還願意信任你？」於是雙方持續衝突，挨罵的時間也變得更長。

我想大家應該可以了解，沒有把話聽完的下場是如何悽慘！這都是我的親身經歷！

先跟大家坦白，我就是那種被罵馬上想道歉的人。我很怕別人說我哪裡做得不好，或是對我加以指責。

人際溝通的原則，就是站在對方的立場想。但是，從前的我卻只顧著不想再挨罵，巴不得盡快逃離現場，然而這卻是最差勁的逃避方法。

回過頭看，以往我在工作上碰到的煩惱和問題，幾乎都是因為**沒有好好傾聽對方的話**引起的。

其實，別人的諸多提點都對我有利，但是我卻因為沒有把話聽進去，喪失了自我成長的機會。現在想起來，真是十分可惜。

用同理安撫對方：「我完全能夠體會」、「你一定很……。」

從事客訴工作以來，我最常聽到的問題就是：「客訴處理要怎麼做，才可以圓滿落幕？」

簡單告訴大家，方法就是：**好好傾聽對方說話**。

以前我在客服中心工作時，經常聽到顧客對我說：「你根本什麼都不懂！」、「你知道我有多生氣嗎？」當時的我，心裡卻只想著：「怎樣才可以趕快結束這場客訴？」、「到底要怎麼解決？」

某次，顧客大罵：「你們服務太差了！乾脆退款好了！」於是我回答：「好的，我馬上幫您辦理退款。」結果，顧客還是忿忿不平的說：「看來，你還是沒搞懂狀況！」

當時的我，根本覺得莫名其妙。明明按照顧客的期望，提出退款的解決方案，顧客卻變得更加憤怒。

不過，在與顧客交涉的過程中，我發現一件事——比起解決問題，顧客更希望我們了解他的感受。

因此，當時我應該做的，就是同理顧客的心情。**「我完全能夠體會您的困擾！」**、**「發生這樣的事，您一定很傷腦筋吧！」**顧客想要聽的，其實就是這樣的回覆。

好好把對方的話聽完，擔任一位好聽眾，有助於平息對方的怒氣。

當時的我，就是缺乏良好的傾聽能力，以為退款可以解決問題，反而

面對指責，先讓對方把話說完

OK	NG
「謝謝您的提醒！」 「好的，下次我會這樣做。」	「下次我會注意。」 「我會避免再犯相同的錯誤。」

惹得顧客更加生氣。

解決客訴和嘗試去理解顧客，兩者的出發點截然不同。**解決客訴，說到底只有考慮己方的立場而已**。「趕快解決問題，早點走人」這種想法，就會變成只是應付了事。

以這種想法做事，根本不可能與對方建立起良好關係。

嘗試用理解對方的角度去傾聽，和對方站在同一陣線，才能真正理解「顧客為什麼這麼生氣？」、「顧客為什麼這麼失望？」

如果能夠同理顧客的心情，自然就會知道下一步應該採取什麼行動。如此一來，問題也就迎刃而解。

20 最糟的道歉——我是按照你的指示做的

你的身邊，應該也有那種一生氣就口出惡言的人吧？他們大多是因為自尊心受損、惱羞成怒，覺得委屈一時情緒激動，所以才會破口大罵。

在公司裡，如果有很愛面子的主管，部屬就沒有好日子可過。這類型的主管往往因為面子掛不住，而容易惱羞成怒，故意當眾斥責部屬。然而，主管當眾教訓表現不好的部屬，不過是想保住自己的面子而已。

我還在當業務的時候，曾經發生過一件事。A經理指示我，向廠商提出調漲商品價格的要求。A經理還說：「如果對方的社長不同意，你就告知之後可能無法再合作。」

我按照A經理的指示，向廠商提出漲價的要求，但對方的社長卻強烈表示反彈。不僅如此，他還直接找我們公司的董事反映：「我們會考慮找其他公司合作。」董事得知訊息後，馬上把A經理叫去訓斥：「你怎麼可以對我們長期合作的顧客這麼無禮！」

回嘴是挖洞給自己跳

A經理離開董事辦公室後，馬上就找我算帳。

他用響徹辦公室的聲量（搞不好連董事辦公室都聽得見）大罵：「你幹麼擅作主張？」接著，又用非常挑釁的語氣說：「你如果不知道怎麼做，就照我說的去做就好！」

我忍不住回嗆：「我是按照你的指示做的。」A經理聽了更加火大了。

這場風波最後由我低頭收場，但是這件事卻就此留下了疙瘩。

現在想想，當時我對A經理回嗆：「我是按照你的指示做的。」這種回應其實很不得體。而且，沒有成功說服廠商接受漲價是我的責任。

之後，董事親自找對方社長致歉，表示暫時不會漲價，雙方才得以繼續合作。那場風波過後，我跟A經理好幾天都不說話。幾天後，換我被叫去董事辦公室，才知道合作廠商的社長對董事提起漲價一事後，董事詢問A經理：「為什麼你要這麼做？」

A經理只反駁：「因為公司要求提升營業額，所以我才向對方提出調漲啊！」、「任誰站在我的立場，都會做同樣的事吧！」

最後，董事特別叮囑我：「**回嘴沒有任何幫助，請不要把時間浪費在**

無謂的鬥爭和爭論上。」

把指責當提點，提升自己的實力

在遇到對方挑釁的時候，或許當下回嘴很爽快，卻有可能招致對方懷恨在心，根本得不到什麼好處。

既然如此，很想反駁的時候，該怎麼辦才好？

對於別人說的話和意見，要經常想成是對自己的提點，這可以幫助自己成長。

之後，A經理經常對我出言挑釁。某次，我針對營業額做銷售評估報告，A經理嚴厲的指責我：「你的想法太天真了！」原本我想反駁：「我才沒有！」

但又想到可能會搞壞關係，所以我順著A經理的話反問：「或許真是太天真了吧，請問怎麼想才好呢？」

A經理則是繼續冷嘲熱諷：「真是太陽打西邊出來了啊！今天怎麼這麼聽話？」不過，針對工作的進展，他還是給了我許多建議。

透過這樣的學習態度，我發現自己需要改善的地方，也了解A經理對我的期望。之後，我不再讓A經理覺得沒面子，他也不再用言語攻擊我。總之，情況完全變好了。

面對挑釁和攻擊，不要馬上反駁，如果能轉換想法，看作是自我成長的機會，彼此就可以建立良好的對話模式。

在職場上，我們一定會遇到想法和價值觀不同的人。所以，事情不如自己的預期、經常遇到不講道理的事，這些都很正常。而且，如果沒有這種心理建設，人生怎麼可能自在平順呢？

尤其是超過五十歲的人，健康和時間最重要。對我而言，健康是身和心缺一不可。能夠身體健康，心情平靜和樂的過日子，這才是最重要的。

與其反駁對方，不如把指責當提點

NG

「可是，我覺得……。」

「我很抱歉，但是……。」

OK

「這裡我不太懂，可以跟你請教一下嗎？」

「這裡好像可以再調整一下。」

因此，對於別人說的話，我們要經常用學習的角度看待。

如此一來，你才可以發現自己的不足之處，並藉此提升實力。

21 任何場合都不能說這些爛藉口

許多企業和商家，會找我諮詢客訴處理。最常聽到的問題，就是：「顧客第一時間就很生氣，請問該怎麼辦？」

其實，客訴如果在第一時間處理不當，惹毛顧客的話，之後就很難有轉圜的餘地了。

「您只能請主管出面處理了吧！」我認為請負責人出面處理，是最好的辦法。

這是因為，**在第一時間客訴應對不當的人，絕大多數都是因為搪塞之詞，讓顧客失去了信賴**。根據我的經驗，**信賴一旦失去，就無法回復**。

「我忙著出差」、「我明天再處理」、「我知道，但是……」、「很多事要處理」等，都是典型的推託之辭。

有人甚至會對前來客訴的顧客表示：「可是，以前沒人反映過這樣的問題……。」彷彿問題都出在對方身上。

因為不想承擔責任，所以忍不住說些推託之辭，但反而惹得顧客大發雷霆。

然而，**無論在什麼場合，都不應該講藉口搪塞**。

別看我講得頭頭是道，其實我也曾經因為這樣，被顧客盯得滿頭包。我還在客訴中心工作的時候，曾接到部屬轉來的客訴電話，對方表示要直接和負責人談。

被投訴的是一間和我們合作的溫泉旅館，顧客打來抱怨：「實際的露天澡堂，比網頁刊載的照片還要小！」由於顧客好像沒有很生氣，我竟脫口說出：「應該是攝影師的技巧很好，所以照片看起來比較大吧！」

我輕率的回應，惹得顧客怒罵：「你的部屬才說『照片和實景可能會有出入』，你身為負責人也說這種話嗎？」之後，顧客連續罵了兩個小時。現在回想起來，自己真的太沒有同理心了。

處理客訴等**致歉的場面，一開始的應對決定了一切**，因此請不要一直找藉口。在客訴應對的一開始，要怎樣做才不NG，各位讀者可參考我的另一本著作《客訴管理：讓你氣到內傷的客訴，這樣做都能迎刃而解》，當中有詳細的解說，以及豐富的案例分享。

為了避免失去顧客的信賴，最好的方法就是坦承錯誤，並且表達反省之意。

「我們還沒有開始處理，真的很抱歉！」、「真的非常抱歉，應該由我致電向您確認才對！」、「沒有為您安排，深感抱歉！」請馬上向對方表達歉意。

「很抱歉，因為我……」先道歉，再給理由

坦承自己的過失，並表達反省和致歉之意，有助於緩和對方的怒氣。

不僅如此，對方還會覺得你很正直。

比方說，當主管質問：「簡報已經準備好了嗎？」如果回答：「我正在接洽其他顧客……。」主管就會生氣大罵：「別找藉口！你給我搞清楚工作的優先順序！」

不過，如果你回答：「真的很抱歉，我還沒開始準備！」如此直接坦承自己的錯誤，並且明確表達反省和歉意，就不至於招來雷霆之怒。

當主管進一步詢問：「為什麼還沒開始準備？」你就可以回答：「因為我正在接洽其他顧客。」這話聽在主管耳裡，**不是藉口，而是一種說明**。主管理解情況後，就會開始和你討論：「原來如此！那現在開始準備來得及嗎？還是讓別人去做？」

此外，我還發現經常找藉口的人，大多不喜歡自己的工作。**樂於工作、認真工作的人，對自己的工作懷有責任感和榮耀感，很少會找藉口**。

某位和我有合作關係的社長，我非常尊敬他。他為了在股東大會做十分鐘的簡報，竟獨自到ＫＴＶ，花了五小時，練習做簡報三十次。

我問他：「為什麼這麼拚命練習？」

他回答：「因為不想再為自己的失敗找藉口。」

萬一想找藉口，或是已經說了藉口，現在請捫心自問，你真的有認真面對你的工作嗎？

任何場合都不能說這些爛藉口

OK	NG
「是我安排得不好。」 「是我準備得不夠周全。」	「最近我真的太忙了……。」 「大致上沒有問題……。」

22 對方秒怒的NG句：「這不是我負責的。」

我曾接受某家專做職場題材的網路媒體採訪。

記者在訪談時提到，最近有越來越多的人不想升遷，而我在企業舉辦研習講座的時候，也常有這種感覺。

當我問這些人：「為什麼不想升遷？」他們都異口同聲的說：「因為不想承擔責任。」其實，升不升遷是看個人意願，並沒有所謂的好與壞，但是覺得承擔責任很吃虧這點，我倒不以為然。

某物流公司曾因為網購客訴太多，希望我能擔任客訴處理研習講座的講師。在研習講座前，我先聽了處理客訴的通話錄音。

會打電話到物流客服中心的，以網路消費者居多。而抱怨最多的，通常都是因為問題沒有立即得到妥善處理。

「這是公司規定」、「這不是我負責的」，所以？

聽完通話錄音後，我很快就發現到問題點。顧客之所以非常生氣，是因為現場服務人員的回應，不出「這是公司的規定」、「這不是我負責的」等這類推卸責任的話語，所以才會讓顧客有負面觀感。例如：「太不負責任了！」、「員工教育到底怎麼做的！」

我非常了解顧客為什麼這麼生氣。

推卸責任的人，往往會把錯怪在別人身上，然後表現得一副事不關己的樣子；之所以企圖藉此敷衍了事，是因為這類人最怕被捲入麻煩。

任誰都不想麻煩事纏身。不過，請不要忘了你的推卸責任，不僅會讓顧客失望，還會連累到後面接手處理的同事。**絕對不能夠因為自己的不負責任，造成別人的不愉快和困擾！**

客服中心的負責人表示，他曾把被客訴的服務人員找來詢問：「顧客投訴說你的應對不好，實際情況是怎樣？」

結果，對方回答：「因為公司沒有教ＳＯＰ。」、「我又沒有錯，為什麼顧客這樣說？」、「都是顧客害我沒有心情工作。」該名員工從頭到尾都覺得自己沒有錯。

逃避責任，只會帶來損失

不想承擔責任，把工作的責任都推給別人，這樣工作起來很無趣吧！你的工作，想必都在忍耐中度過吧？

既然如此，我想問你一個問題。

對你而言，工作究竟是什麼？

對我而言，工作可以使人成長，幫眼前的人解決問題，並為眾人和社會貢獻一己之力。收入的多寡，與自己的成長，以及能為眾人和社會貢獻多少成正比。我會寫這本書，也是希望能讓讀者展露笑顏，工作表現更好、人生更如意。

為了讓生活更輕鬆，以賺錢為目的投入工作，這也無可厚非。但如果凡事金錢主義至上，就容易讓人變得只計較眼前的得失。

那位在物流打工的女職員，她就表示：「領這麼少的時薪，還要被客訴真吃虧。」這種想法就是最典型的例子。

「不想承擔責任」、「承擔責任很吃虧」因為這樣而不想升遷的人，我希望你們了解一件事，那就是，**越是願意承擔責任，就越能樂在工作**。

不需要負責任的工作，做了也沒什麼意思。而且，只能等待主管的指示做事，自己完全不能決定事情，這樣不是很無趣嗎？

其實，你應該要改變想法。**一直逃避責任，帶給你的只有損失，根本沒有任何好處**。

透過工作獲得成長，能夠學會越多東西。人只要感受到自己的成長，做事就會樂在其中；而人越成長，就越有機會晉升高位。

升遷的最大好處，就是被賦予權限。你可以運用自己的智慧，在工作上做任何決斷。一旦有所成長，收入也有機會增加。

喜歡玩遊戲的人一定都知道，當玩家等級還很低的時候，因為沒有好的配備和武器可用，會玩得很辛苦；可是，一旦成長等級提升後，就可以使用魔法和強大的武器打倒強敵，甚至拯救同伴。實際體驗到成長的好處，遊戲越玩就越有樂趣。其實，工作和遊戲是一樣的道理。

要是你經常推卸責任，請馬上戒掉遇事就怪東怪西、敷衍了事的習慣！在工作上遇到任何事，請勇於承擔面對，如此才可以更上一層樓。

＼逃避責任，只會帶來損失／

OK

「都是我的責任，我沒有確認好。」
「有什麼需要我幫忙的嗎？」

NG

「又沒人告訴我該怎麼做。」
「這是公司規定。」

23 把小事放大，問題才能冷處理

因為工作上的疏失，遭到顧客責罵，卻不敢向主管據實以報，你有過類似的經驗嗎？我年輕的時候，曾做過這樣的事。

我向主管報告的時候，沒有在第一時間說出自己的失誤。

但是，那件事最後出了大問題，還造成許多人的困擾。一直以來對我器重有加的主管，也對我深感失望。

後來，主管對我說了一番話，至今我都謹記在心。

「遭遇失敗、惹顧客生氣，都是難免的事。不過，**絕對不可以隱瞞和掩飾失敗！**沒有據實以告，就是不相信主管。這是我最感到痛心的事！」

原本我只是不想讓主管失望、不想辜負主管，但是卻用錯方法，試圖把大事化小，結果反而辜負了主管的期待。

有實力的人，從不隱藏失敗

掩飾和隱瞞過錯，完全只是自保又自私的行為。

十年後、二十年後，「我想成為那樣的人」、「我要累積實力，受人愛戴，在社會大展身手」，如果你對未來的自己有這種明確的期許，當下還會企圖隱瞞和掩飾過錯嗎？

對自己的未來懷有憧憬，就沒有必要掩飾和隱瞞錯誤。如果眼光放長遠些，應該就會對主管據實以報了吧？

這件例子，是我人生中的一大失敗。經過這次教訓，我面對問題的想法有了很大的轉變。

反省還要演很大，立刻拉攏人心

你知道嗎？其實，越是把問題放大看待，對方的怒氣就會越小。對於自己的失敗，不要敷衍了事，也不要企圖掩飾，當成大事來處理，絕對錯不了。

比方說，遇到顧客抱怨：「新買的遊戲機根本不能用，你們怎麼可以寄瑕疵品給我？」如果你用冷靜的態度回覆：「請問您看過說明書了嗎？」顧客有可能會暴怒，說：「我看了好幾遍！別把我當笨蛋！」面對暴怒的顧客，客服人員卻用如此輕率的態度來應對，只會造成反效果。

即使不是什麼大不了的事，在當下最好也要慎重的回答：「真的嗎？這問題很嚴重！」

遇到生氣的人，如果你表現得比他還要激動，對方就會冷靜下來。這是因為，當對方看到你的反應這麼大，就會覺得自己的困擾被理解了！

與主管對話也是一樣。當主管問：「那件事辦得如何？」搞不好他先前指示的工作進度，你沒有向他報告，他正生氣著。這時，如果你回應：「你說的是哪件事？」我想，應該有極大的機率會惹主管生氣吧！

但如果你**用略帶慌張的語氣**，**並語帶反省**表示：「啊！你指的是簡報吧！還沒向你報告，真是抱歉！」我想，**對方（主管）就不至於生氣了**。

上述例子或許顯得有些刻意，不過就問題而言，**就是優先顧慮對方的感受，把問題放大處理**。

我在客服中心工作時，曾因為應對不當讓顧客更加生氣，顧客要求我的主管出面道歉。但當時我已經是客服中心的負責人，所以我的主管就是董事。

雖然覺得慚愧無比，我還是向董事低頭拜託：「請和我一起去道歉。」董事非但沒有擺臉色，還特地撥冗和我一起登門道歉。

在顧客的家中，董事語出驚人的說：「因為我們的應對失當，讓您覺得不愉快，都是我的疏失。我已經自請處分，一年不支領董事的全額薪水。這次的過失，我們真的深感抱歉！」接著又向顧客深深低頭致歉。因為事關重大，顧客反而覺得惶恐，反過來向我們表示：「別這樣，您言重了。我也是有些情緒化了，我才覺得很不好意思！」

董事的話是否出自真心？其實我也沒有求證。但是這件例子清楚告訴我們，**把問題放大，並表示深切反省，就可以讓對方冷靜下來。**

把小問題放大，事情就能冷處理

NG

「這沒什麼大不了吧！」

「在我看來，應該不難處理！」

OK

「對您造成困擾，真的深感抱歉。」

「真的很抱歉，都是我的錯。」

24 最難搞的負評，不滿意卻沉默的顧客

你最常因為什麼事被罵？

「明明是別人的錯，為什麼主管要對我發脾氣？」、「每天都被奧客轟炸！」、「妻子一心情不好，我就會被遷怒！」這樣的事情，應該有很多吧？無論是工作上或是私底下，都免不了碰到必須道歉的情況。

不過，我覺得**道歉其實是大好機會，可以讓人生變得更好**。經由道歉，我們可以發現工作的疏失和自己的缺點。道歉可以讓人自我反省，並且找到改進的方向，是值得慶幸的好事。

我現在因為開創了自己的事業，所以沒有直屬上司。不過，不知是好事還是壞事，我的顧客和演講主辦單位，都尊稱我為「谷老師」，也不會對我發脾氣。但也因為沒有人會罵我，所以我深知一定得自我約束才行。

除此之外，我的妻子個性很好，就算我有什麼不足之處，她也不會對我亂發脾氣。

不會挨罵，也不需要低頭道歉，沒有任何壓力，或許你覺得很羨慕吧？但是在這種情況下，我無從得知自己的想法和工作有沒有問題，所以我只覺得非常不安。

你知道有一種顧客叫做「**不滿意卻沉默的顧客**」嗎？

這類顧客的特質，就是「不滿意卻保持沉默」。許多顧客會抱怨，大多因為還想繼續使用服務，只是出現一些困擾，所以才向公司反映客訴。

但不滿意卻沉默的顧客卻完全不同。這類型的顧客多半是因為拒絕使用服務或產品，所以選擇沉默接受。之後，他們會到社群平臺，PO出公司名或是商店名，向全世界公布負評，簡直比直接客訴的顧客還要恐怖！

為什麼別人會對你生氣呢？

沒錯，因為對方對你有期待，但你卻辜負了他的期待。所以，透過客訴，其實是讓我們有機會發現需要改進的地方。只要顧客沒有厭棄我們並沉默離去，我們都應該心存感激。

透過道歉的機會，並發現自己哪裡需要改善與檢討，如此才能避免重蹈覆轍。

道歉要先說感謝，再說改進的地方

別人對你發脾氣時，你會怎麼反應呢？

應該不會有人惱羞成怒，丟下一句：「你給我記住，我一定會討回來！」就揚長而去吧？我想，絕大部分的人都是默默說聲抱歉，一副消沉沮喪的樣子。

不過，如果我們切換到生氣者的立場，就可以清楚了解，生氣指責的目的絕對不是要讓對方消沉沮喪，而是希望對方不要再重蹈覆轍。更進一步說，也是希望對方因此改變想法和行為。

當別人對自己生氣時，請向先對方表示「感謝」，再說改進的地方。如果能夠向對方表示：「謝謝您的指教！」、「我發現許多應該改善的地方。」那是再好不過。請切記，**最後留下的印象十分重要**。

客訴處理也是相同的道理。如果只說一句：「真的很抱歉。」就離開現場，或是掛斷電話，顧客會覺得自己好像被當成奧客，不滿也沒有得到抒解。

「謝謝您告訴我們需要改善的地方！」、**「謝謝您的提點！」**在客訴處理的最後，請不忘對顧客道謝，並表示自己會加以改進。顧客聽了會覺得「我的意見被接受了！」、「對方願意調整工作方式。」或是「有反映客訴真是太好了！」

說不定，顧客還會到社群平臺寫下好評，表示：「我曾向那間公司提出客訴，他們很慎重處理，真的很值得信賴！」

許多人看到好評，往往會幫忙轉發，之後便在網路上引起一陣熱烈討論。這種例子很常見。

前陣子，我參加某個電視節目的錄影。導播針對我和藝人合作的部分詳細指導，但是正式錄製時，我卻搞砸了，播出時只得把那部分全部刪掉。

錄製結束後，導播罵我：「不是吧！在這裡，你要這樣表達！」我一邊道歉，還有點高興的想：「我被罵了耶！太好了！」因為如果沒有被罵，下次就沒有通告了吧？於是，我說了一句：「謝謝您的指教！」才離開工作室。

感謝對方指出你的缺點

OK	NG
「謝謝您的指教！」 「我真的學到很多！」	「我很抱歉……。」表現出一副沮喪的樣子。

經過數月，那位導播再度發我通告，經過上次的反省，我表現得很好。錄製結束後，導播誇我一句：「真不愧是谷老師！」我真是太高興了，對導播只有滿心感激。

第五章

逆轉人生的好運說話技巧

25 麻煩事裡，藏著升遷好差事

我一直認為，做事不怕麻煩，反而能獲得更多好處。

例如，如果同時有輕鬆的工作和麻煩的工作，優先處理麻煩的工作，之後便能輕鬆許多。

我有一位朋友，在銀行營業部表現亮眼。聽說他還是新人的時候，就會搶著幫主管影印。他一邊影印資料，還會仔細閱讀資料上的客戶營運狀況和指標。

數年後，他實際成為那間客戶的負責人，並且因為幫助客戶重整成功而大受讚揚。年紀輕輕就被賦予重責大任，簡直就是真人版的半澤直樹（按：源自日本TBS電視臺，以池井戶潤所著系列小說《半澤直樹系列》改編的連續劇）！

做大事的人，不把「真麻煩」掛在嘴邊

某間溫泉旅館位處偏遠之處，卻總是預約額滿，但只要有顧客在旅行網站反映負評，旅館的負責人一定會以長文回覆，表示：「非常感謝您的光臨，很抱歉未能符合您的期待，我們會深切反省。」

原本寫下負評的顧客，看到回覆後非常感動，不僅轉怒為笑，甚至還預約了下次住宿。此外，也有新顧客是因為看到旅館負責人的回覆，所以也跟著預約住宿。

我曾經向上述兩則例子的當事者詢問事情經過，他們都笑著回答：「那些別人覺得越麻煩、沒意義，或是不想做的事，我們倒覺得搞不好是

件好差事，所以都撿來做。」

另一方面，合作公司的主管也曾找我諮詢。他說，他吩咐工作給部屬，對方卻回覆：「這件事一定要現在做嗎？」、「我很忙，你不能找別人嗎？」

那位主管由於擔心強迫部屬做事，會招來職權騷擾的惡名，最後只得摸著鼻子自己做。

現在做的工作有何意義，以後你就會知道。把麻煩的工作當作好差事，然後撿來做，無形中就拓展了自己的工作領域。如此一來，你的成長將加速前進。

人生最可惜的事，就是無憂無慮、腦袋空空，每天都過得輕鬆又自在。

「那樣有什麼不好？又沒妨礙到別人吧！」對於這樣想的人，我只想告訴他們：「或許以後會後悔吧！」

化解危機，得靠「體察」人心

「當時雖然很辛苦，但是我走過來了！」

「那件事雖然失敗了，但是還好有做！」

「雖然花了很多時間，但是努力的成果卻讓很多人開心！」

長大成人出社會後，再回顧學生時代，你也應該有過這類感受吧？這些勇敢跨出的每一步，努力不懈的經歷，最後都化成甜美的果實。

許多痛苦的經驗，最後往往會變成美好的回憶。

「這樣做有什麼意義？」會說這種話的人，因為只想待在舒適圈，所以永遠無法創造出美好的回憶。

越是艱辛勞苦的經歷，越能體會到生命的美好。**努力後得到成果，才能夠了解幸福得來不易**。沒有這些回憶的人生，不會覺得有些可惜嗎？

在工作上，也是如此。當有顧客投訴「該不會是瑕疵品吧？」時，比起害怕顧客生氣而直接更換新品給顧客，倒不如收回商品，等確實修好再歸還給顧客。

因為前者的做法，會讓顧客覺得店家只是敷衍了事，並非真心認錯；後者的做法，則會讓顧客覺得店家「積極面對問題」、「很努力服務」。因此，**面對客訴，不能只想輕鬆了事就好**。

我曾與許多企業客訴中心的負責人談話。我發現，他們都很有**體察力**。所謂體察力，就是理解對方想法的能力。

這種能力用在處理客訴，就是積極理解對方的想法，然後付諸行動。即使是客訴中心的負責人，面對各種客訴案件，每天也都是戰戰兢兢。不過，他們雖然很害怕，卻還是鼓起勇氣，努力去理解顧客的問題。

每解決一項客訴問題，就可以學到很多事情，待人處事也能大幅進步。

「那件客訴真的很棘手！」

「我遇過超誇張的顧客，其他狀況都算小 case！」

「一開始怕得要死，鼓起勇氣面對後，才發現是好顧客呢！」

他們回想過去遇到的難纏顧客，都是滿滿的收獲。順帶一提，有企業甚至私下把處理客訴的職員封為「勇者」，客訴處理的指南書則命名為「勇者規章」。

\ 麻煩事裡，藏有好差事 /

OK	NG
「搞不好是件好差事！」 「還好我當時有去做。」	「怎麼這麼麻煩？」 「這樣做有什麼意義？」

26 「這不適合我。」弱者最愛用的藉口

「我該換工作嗎？」如果你也有這種煩惱，這篇絕對值得你參考。

「我對公司貢獻很多，卻不被公司重用。」假使你真心這麼想，那你確實應該另謀高就。或許，自行創業還更好。

但如果你是因為現在的工作不適合自己，而煩惱該不該換工作，那我就不建議你換工作。

那是因為，你並沒有認真看待目前的工作。只是以「不適合」這個理由，來合理化自己的想法。換句話說，你只是在逃避而已。

業績不好的人，最會怪商品不好賣

前陣子，某位經營轉職網站的負責人，告訴我一件很有意思的事。他說有些轉職者，會抱怨現在的公司是黑心企業，然後整天想要辭職，卻連下份工作要做什麼都沒想好。

他表示，這類轉職者大多只是主觀認定自己不適任，所以才會一直把公司當作黑心企業。但這類轉職者，由於在原先的公司沒有好表現，所以也很難找到下一份工作，連缺人的公司都不願意錄用他們。

反之，在同一間公司，那些認真工作做出好成績的人，卻很少會把自家公司說成是黑心企業。

其中的**差別，就在於一味的逃避**。

一旦逃避，就會把該做的工作一直往後推，然後變得越來越沒有幹勁。總是找理由遲到或是請假，最後連公司都不想去。主管和同事看了，態度也會越來越冷淡。遇到事情找不到人商量，結果把自己逼到絕境。為了逃離這種狀況，他們只能考慮換工作。

其實，有這種想法的人，只是因為不想承認自己不夠好，所以才拿「工作不適合我」當作藉口。

如果你現在正考慮換工作，讀到這裡應該很吃驚吧？為什麼我可以分析得這麼透徹？那是因為，我曾經被某位主管冷冷的嘲諷說：「業績不好的業務員，最會怪商品不好賣呢！」

其實，我也曾經因為業績不好，覺得工作不適合我，好一段時間想換工作！因為我是過來人，所以才可以把事情看得如此分明。

每個人都知道不能逃避，但對當事人來說，如果都待不下去了，也只能選擇逃避吧。

那麼，當初我遇到這種狀況，是如何處理的？

結果，我還是沒有換工作。雖說如此，我也沒有勉強自己做不適合的工作——我開始試著去找出把工作變有趣的方法。

用自己的強項做事，任何事都會變有趣

當時，我看了日本作家中谷彰宏的著作《二十五歲前一定要做的五十九件事》（鑽石社出版）。書中出現這麼一段話：「連遊戲都認真玩的人，工作也會大有所為。」就是這句話，讓我找到脫離困境的方法。「好棒啊！如果工作就像玩遊戲，那每天都跟放暑假一樣快樂！」我彷彿看到理想的人生目標。

其實，不是工作不有趣，而是我自己沒有把工作變有趣。而且，我是因為做不到，所以才想逃避。

因此，**如果我不再逃避，開始想辦法把工作做好，原本做不到的事，或許就可以做到，只要可以做出成果，工作一定就會變得有趣！**

當時，我會想逃避，其實是因為要開發新客戶，我必須打電話給顧客，但最後卻都被回絕了。就算寫電子郵件聯絡，也都石沉大海。當時，我只覺得自己的存在完全被否定了。

之後，為了讓工作變有趣，我才開始思考如何發揮自己的強項。或許，就像主管說的，我最大的強項，就是一張嘴巴很會講。

因此，我決定好好發揮這項長才，也不再每家公司打電話推銷，而是製作ＤＭ及免費招待券，並以「學習會通知」發送給各家公司。等報名人數一滿，就由我自己擔任講師開課。在學習會的最後，我會重點介紹我的商品。

這種行銷手法並不特別，但是在二十年前，應該只有我和少數的顧問公司會用。

學習會當天，由於我擔任講師，所以顧客們都叫我「老師」。與其說是推銷商品的業務員，我更被定位為顧問。因此，顧客們掏錢與我簽訂商

找出讓工作變有趣的方法

OK

「不是不適合，我只是沒有找對方法。」

「如果能做到，工作一定會變得很有趣！」

NG

「這份工作不適合我……。」

「我不喜歡現在的工作，好想辭職……。」

品契約後，還會十分感激的對我說：「老師，非常謝謝您，介紹這麼好的商品給我們！」

我做到了，我終於深刻體會到工作好有趣！因此，你也別再逃避說自己做不到，請勇於開拓光明的未來！

27 熱情不是因為夢想，而是每天都有進步

前陣子，我有一位朋友陷入低潮。我問他：「為什麼你會這樣想？」他說，他學生時代的夢想是成為搞笑藝人，但是因為夢想沒有實現，所以只好到公司上班。

他還抱怨：「我現在工作的地方，全是一些工作能力不好的人，害我壓力很大。」、「工作根本沒有任何樂趣。」

其實，人生根本沒有所謂的勝利組和失敗組。覺得自己是失敗組的人，都是自己認定的。

首先，放棄成為搞笑藝人的夢想，決定到公司上班，是他自己的決定。再者，看不起職場同事的工作表現，**只會感嘆「沒有樂趣」，並無法改變現況**。

不過，我很能理解，當無法實現的夢想和目標越來越多，就會覺得人生毫無樂趣。這種時候，難免會因此而灰心喪志。

慶幸的是，雖然一路走來，我不斷經歷各種失敗，但是我有一項優點，就是永不放棄。

當然，我有很多夢想都沒有實現，但是我會重整心情，繼續滿懷熱情的追逐下一個夢想和目標。

我討厭沒有夢想和目標，整天渾渾噩噩。因此，我會為自己找尋新的夢想和目標。**不用過度執著於夢想和目標，與其因為夢想破滅失意不已，不如像我一樣，適時調整當下的心境就好**。

我有一位大學學弟叫做駒田權利，他為了實現衝浪的夢想而辭掉工作。為了每天都能衝浪，他開始在靠近海邊的日式料理店打工，並立志成為壽司職人。後來，他的夢想真的實現了。他在三重縣伊勢市開了一間「駒田」的壽司店，之後還獲得了米其林三星認證。

我還有一位認識二十多年的好友，岡田章宏。我認識他的時候，他在京都的和服店工作，雖然商店因為不敵時代的變遷而倒閉，但失業後，他到咖啡店打工，卻成了他人生的轉捩點——他成為日本第一的咖啡師，還參加過世界級比賽。現在，他在京都開了一家人氣咖啡店「Okaffe kyoto」。

在公司上班或是受僱於人的職員，尤其容易因為工作異動而改變職業。此時，與其因此而喪志消沉，不如像駒田和岡田那樣，到新的環境也懷抱夢想和目標，然後拚命去實踐。

今天比昨天更進步，累積微成就感

因工作的關係，我經常接觸到二、三十歲的上班族，但我發現，有明確的夢想和目標的人竟不多。

其實，並不是每個人都非得找到目標，也不是說沒有夢想和目標就很糟糕，只是我認為，**如果有夢想和目標，人生就會變得非常快樂**。

就像我們常說的：「努力總有回報。」努力實現夢想和目標的過程，會讓人得到很大的滿足感。但，某次我去小學演講，校長卻告訴我：「這種話只適合學生，不適用於已經出社會的成人。」聽到這句話的當下，我是認同的。但後來，我改變了想法。

其實，**人無需糾結努力是否得到回報，每天能夠朝夢想和目標前進，就足以讓人生更加充實**。

即使夢想很大也無妨，先試著**增加自我滿足的時刻**吧！將目標轉化成可實現的行動，然後累積成就感，人生就越充實快樂。身為顧客管理專家，我最大的夢想，就是「創造沒有客訴，充滿笑容的社會」。

為了實現夢想，我到全國各地演講，也到企業舉辦研習講座。為了讓大家更正面看待客訴，我還上電視參加談話節目。為了讓更多人可以熱情對待工作，使顧客喜笑顏開，我打算繼續寫書。

「今天我達到這項目標了」、「下次我要挑戰～」這就是我每天在做的事。

「今天比昨天更進步。」、「好像離夢想更近一點了！」這樣的想法，使我擁有很多自我滿足的時刻，也覺得自己很幸福。

不一定要有目標，但每天都要有進步

OK	NG
「每天都過得很開心！」 「今天比昨天還進步！」	「一點都不有趣！」 「壓力真的好大！」

28 運氣也有吸引力法則

看到新聞播報負面新聞，你的心情也會蒙上一層灰吧？看到網路評論，明明跟自己毫無關係，卻跟著氣得半死？如果有這種閒工夫，倒不如去尋找讓自己快樂的事物。

日本著名的心理學教授曾經告訴我，人們看到正面的新聞，或是遇到順遂發展的事，反而容易忘記，但是看到負面新聞，或是遇到不如意的事，卻會一直耿耿於懷。

腦科學教授也說，為什麼離開公司，自行創業的人很少？原因如下：

抱怨也有吸引力法則

有人事業大成功，變成有錢人，這類好消息人們往往容易忽略。不過，如果身邊有人事業失敗，導致負債累累、不得不跑路，這件事就會植入大腦，並留下難以改變的既定印象。這也是為什麼，許多人即使想挑戰創業，往往會害怕失敗。

負面資訊容易使人心情變糟，應該盡可能遠離才對。**假使不可避免接觸到負面資訊，也不要照單全收，應該著重在正向的部分就好。**

發生了討厭的事，有人會抱怨：「為什麼倒楣的事總是找上自己？我的運氣真差！」

其實，我以前也是這樣，動不動就把「運氣真差」掛在嘴邊。就算好不容易接手一項大案子，也會害怕自己做不到或是萬一失敗。

從結論來看，**如果帶著負面情緒處理工作，結果往往不會順利**。不僅如此，還可能因此而錯失大好機會。

現在回過頭看，我經常抱怨「自己運氣不好」，其實也沒有什麼根據，只是看到討厭的、負面的事情，就忍不住想抱怨。結果，反而讓自己的心情變得更糟。

後來，我因為網球教練的一段話，決定改變自己的想法。

他說，一直覺得自己運氣很差的打者，就算在比賽占了上風，也總會產生「萬一被逆轉局勢翻轉，該怎麼辦？」的負面想法，如果之後越打越消極，最後真的就會落敗。這是因為，如果連自己都沒有信心，又要怎麼打贏比賽呢？教練的話，非常一針見血。

反觀那些總是打贏比賽的打者，他們都覺得自己的運氣總是很好。即使處於下風，或是得分落後，他們也相信自己的實力，認為一定會逆轉，所以最後真的反敗為勝了。

教練還告訴我：「運動和工作事業，都是一樣的道理。**一心覺得自己**

會輸，最後就真的落敗。一心覺得自己會贏，最後就會真的成功。」我把這句話深刻的烙印在心裡。

運氣是可以操控的

要怎麼做，才說得出「我的運氣很好」？

要怎麼做，才可以總說「我都很順利」？

「運氣豈是可以任意操控的？」你是不是這樣覺得？但是，我發現**運氣是可以操控的**。

我獨立創業，成為客訴管理顧問後，累積了非常多的經驗。我發現，不必坐等好運從天而降，我們可以主動抓住好運。

我自己出來創業，當然不可能馬上就有非常多的顧客，也不可能演講邀約不斷，讓我跑遍日本舉辦演講。

沒有工作的時候，我也是很不安。但是我有很多時間，於是我大量研究各方業界的客訴處理案件。我隨時做好準備，就等企業上門諮詢。同時，為了練習說話和訓練臺風，我每天都泡在KTV裡，站在攝影機前獨自練習。

當時，我很喜歡田坂廣志所著的《工作的報酬是什麼？》（PHP文庫）。書中提到：「為了抓住好工作，必須不斷的鍛鍊自己的專業能力。」這段話點醒了我。因此，我一有時間，就會積極參加學習會，以及由經營者們組成的社團。

這些努力持續數個月後，開始發生一些我意想不到的事。

我研究醫療機構的客訴案件期間，大醫院會找我諮詢客訴問題；一些知名的大企業，也會找我去演講客訴應對。這些機會，全是學習會和社團的朋友介紹的工作。

同期創業的朋友，都對我說：「你真的很厲害！」但我的回答都是

運氣是可以操控的，只要你這樣說

OK	NG
「我運氣很好！」 「感覺會很順利。」、「感覺有機會。」	「最近運氣很差。」 「為什麼好事總沒我的分？」

「只是運氣好」和**「最近很順利」**。

只有努力行動的人，才可以抓住幸運。只有確實準備好的人，才可以掌握住機會。

29 「因為沒錢啊！」懶人最常這樣說

有些人叱吒商場，賺了大把財富，讓不少人看了，都心生羨慕。

不過，也有人總說：「要是有錢，我就能夠……。」、「因為沒錢，所以做不到。」卻遲遲沒有行動。

在我的周圍，表現傑出、賺大錢的那些人，都有一項共同點。那就是，他們都非常熱愛學習。為了學習，他們願意投資許多金錢和時間。

反之，那些嘴上說沒錢的人，反而把金錢和時間浪費在休閒娛樂上。

馬上能換成現金的知識，大多沒用

簡單來說，**你有多努力學習，你就可以得到多少金錢**。

賺很多錢的人，其實還有一項共同點——**學習不是為了賺錢。他們之所以會努力充實工作相關的技能和知識，是希望透過工作為他人帶來更多喜悅**。

有些人以為努力學習取得執照，獨立創業後，就可以賺很多錢，但這樣想的人，大多過得不如意。因為擁有執照的人滿街跑，即使你考到執照，也只是達到基本門檻而已。

我決定獨立創業，成為一名客訴顧問時，曾經許下一項決定。

那就是，**我的工作不以賺錢為目標**。

最大的理由，是因為客訴管理顧問的工作，本來就不是以賺錢為目的，而是為了幫助為客訴所苦的人。

因此，在獨立創業後，只要我有賺到錢，除了生活費以外，我都會拿來投資在與自己工作相關的學習上。

或許有人聽了會說：「我根本沒有閒錢投資自己！」其實，如果真的想學，還是有很多方法。

以我來說，在我還是上班族的時候，就會到二手書店便宜購買一些商業書籍，然後反覆讀好幾次，或是到圖書館找工作的相關資料。

最近 YouTube 有許多教學類和商業類的影片，就是很好的資源，不僅免費，內容也很豐富。

除了書本和影片以外，創造一些別人做不到的經驗，或是請教他人，也都是很好的學習方式。

你學到的東西，或許沒辦法馬上轉換成金錢，但是後勁可期。說實話，那些能夠**馬上轉換成金錢的技能和知識，反倒沒什麼大用處**。

總之，你所做的學習，往後一定會助你一臂之力。而且，學習不僅能幫助自己，也可以幫助別人，甚至轉換成財富。

如何靠一張嘴，說出自己的價值？

當你累積許多經驗後，就會了解正確答案不只一個，而是有好多個。

「竟然有人靠這個賺錢？」你曾經這樣吃驚過嗎？

有人當 YouTuber，錢賺得竟然比大企業的經營者還多，完全顛覆了人們以往的認知。日本演說家作透匡是我的朋友，他原本是專辦智慧犯罪的刑警，現在教大家如何看穿謊言和人的心理；還有一位吉本興業搞笑藝人夏川立也，除了上通告，也出書與辦研習講座，傳授職場心法。

這兩位朋友，都能充分鍛鍊自己的技能和知識，並創造出他人無法模仿的優勢。

在工作上，我的頭銜是顧客管理專家。當初要離職時，我向公司表示：「我要自行創業，成為客訴處理專家。」周圍的人聽了都笑翻了，甚至還有人嘲笑說：「那種工作根本沒出路！」

不過，我相信自己會成功。因為有太多人就像過去的我一樣，總是疲於應付客訴，一想到明天還得面對客訴，甚至害怕到夜夜失眠。

要讓工作充滿意義，就由自己創造工作。這句話適用於創業的人，也適用在公司和團體工作的人。

也就是說，不能只是按照規定做事就好。在飯店工作的人，可以進一步想：「雖然待客指南沒有寫，但我覺得這樣做會讓顧客更舒適吧？」從事照護工作的人，可以想：「對患者的家屬多報告一些內容，會讓他們更安心吧？」像這樣把工作做得更完善，就可以讓顧客更開心。

想自己創造工作，就需要自我學習。

除了從自己的本業，也可以汲取其他行業的做法。看到咖啡廳的待客服務很貼心，就學來活用在自己的工作吧！

靠自己創造學習機會

OK

「有些事，就是因為沒錢才要做！」
「希望自己可以做更多的事！」

NG

「因為沒錢啊！」
「反正我只要照做就好。」

在工作上，不會只有唯一正解。只要看到別人的優點，就加以吸收並付諸實踐吧！

30

「我做得到嗎？」煩惱和遲疑都很浪費時間

總覺得問題難以解決？搞不好原因就出在你自己。

在面對新的挑戰時，多數人往往把問題想得太困難，彷彿要邁入未知的世界一般，遲遲無法跨出第一步。

但我覺得，**光是煩惱遲疑，什麼事都不做，只會浪費時間**，而且**一直遲疑不決，機會最後就會被別人搶走**。

老實說，我以前也是那種把問題想得很困難、行動慢半拍的人。

「如果早點做就好了！」、「如果不要遲疑，馬上答應就好了！」由於手腳總是晚人一步，導致我後來懊悔不已。

為什麼我總是煩惱遲疑？其實，這是「我做得到嗎？」這種自我懷疑的不安感在作祟。

我獨立創業後的第三年，某電視臺曾邀請我擔任某節目的固定來賓。那個新節目專門談「客訴處理」，很符合我的專業，彷彿是為我量身打造的企劃。

節目安排我擔任諮詢專家，負責提供藝人來賓意見，是非常理想的工作。不過，我卻因為資歷只有三年而有所顧慮，且遲遲無法答應。電視臺後來只得另外找人。

數個月後，我在電視上看到那個新節目，心裡覺得很遺憾。我滿心覺得，替代我的那位諮詢專家，他的發言沒有切中核心（純屬個人感想），如果是我，一定可以講得更加精闢吧！而且，那個節目是關東地區限定的深夜娛樂節目，即使是經驗尚淺的我，也可以輕鬆勝任吧（這也是純屬個人感想）。

難得有這麼大的機會上門，卻因為想太多下不了決心，真是太懊悔了——當初我應該毫不猶豫，並勇於接受挑戰。

經驗和能力放一邊，告訴自己：「我做得到。」

我從電視臺的經驗學到，不猶豫、不害怕變化和失敗，一旦站上起跑線就奮力衝刺，事情就會往好處發展。我決定不再重蹈覆轍。即使遇到難度有點高的新工作，也要積極迎接挑戰。

要付諸行動，**熱情不可或缺**。

具體來說，就是不要想或許做得到，而是用「我要做」的熱情迎接挑戰。

面對新的挑戰機會，即使以前沒有做過，不妨先承接下來，之後再加以學習和準備，就不會讓機會溜走。我會有這樣的體悟，是因為我還經歷過某件事。

某次，有位知名創業顧問因為身體不適無法出席，在演講的前一週，主辦單位詢問我是否可以代替他上臺。

我原本以為演講主題是客訴應對，但因為參加者都是想要獨立創業的上班族，所以主辦單位要求主題必須和獨立創業有關。

「我做得到嗎？」我心裡浮現片刻的不安，但我告訴自己，我好歹也是一名獨立創業的經營者，總會有些經驗可以分享吧？

於是，我回覆主辦單位：「我可以接下。」

之後的一個禮拜，直到正式演講之前，我卯起來準備演講的內容。演講當天，我緊張不已。

開始演講後，臺下的聽眾們都很認真的在做筆記，也非常投入，我不禁被他們的熱情感動。創業是人生的最大挑戰，我很想幫助他們邁出第一

跨越自我設限的最佳話語

OK	NG
「這只有我做得到。」 「我願意試試看。」	「我做得到嗎？」 「這我不行。」

步，於是我火力全開，講滿兩個小時。後來，演講總算是平安落幕。演講結束後，主辦單位非常高興。參加者們則表示：「原來煩惱和遲疑都是浪費時間！」、「要馬上付諸行動！」給了我非常多的反饋。

面對新挑戰，毫不遲疑說「Yes」並擔下責任，充滿熱情去做，就會有好結果。

順帶一提，「絕不失敗的獨立創業法則」，現在已經變成我演講必提的例子。

31 可以忙、可以累，但要開心

「人生轉瞬即逝！」

我最近常有這種感觸。二、三十歲的時候，總覺得人生還好漫長，但到了五十幾歲，才驚覺竟已邁入人生的後半段。

現在再回過頭看二、三十歲的自己，真想告訴當時的自己：「再為顧客多做一些吧！」

二、三十歲的時候，公司總是要我們拿出工作效率。在我還是業務員時，必須在短時間內盡可能開拓客源，以及提升業績；在客服中心工作時，則必須盡量縮短客訴處理的時間。

工作有效率，我曾經認為這是忠於職務的表現。當時的我，也覺得自己每天都「好忙」沒什麼不對。

只按照別人指示做事，不會開心

不過，在我現在看來，所謂的效率，只是不得不配合公司。換言之，我是在被逼迫的心情下，為工作而工作。與其說用心工作，不如說只是急著把眼前的工作處理和消化完畢而已。現在回想起來，十分後悔。

把工作做好並獲得成果，這件事很重要。

但是，真正的成果，不只是完成公司交代的工作而已，我們應該經常意識到這點：「我有讓眼前的顧客滿意嗎？」

完全按照公司的要求去做，或許能受到賞識，不過我們也不能就此滿足。**我們應該為了幫助他人，盡全力做到更多。**

就拿我擔任業務員的工作來說，開拓客源和提升業績固然很重要，但更重要的是，如何讓更多的顧客滿意你的服務或商品。

若是客服中心的工作，不能只想快速解決問題，而是應該試著安撫顧客生氣的情緒，與顧客建立良好關係。因為客訴不是有處理就好，必須妥善應對。

唯有顧客的情緒得到安撫，客訴處理的時間自然縮短，客訴中心的電話才不會一直忙線，其他顧客也不用等得火冒三丈了。

只按照公司指示做事的人，因為是被動的，所以往往會抱怨「好忙」和「好累」；如果一心想讓顧客高興，就**會體會到幫上忙的喜悅，自然就會把「顧客高興，我也很開心」、「每天都好充實」掛在嘴邊**。

亦即，工作不是一味的追求效率，而是為了讓顧客笑逐顏開。

五年後，你像變成什麼樣子？

每天要做的工作很多，私底下也有很多想做的事，許多人不禁覺得「好忙」、「好累」和「時間不夠用」。我在二、三十歲的時候，就是處於這種狀態，並經常把這些話掛在嘴邊。

不過，我現在已經五十多歲，覺得**應該找出「自己的幸福是什麼」，不能夠再浪費時間**。

每年我都會針對新任主管，舉辦一場為期三天的企業研習講座。在研習講座的第三天，我會詢問聽眾：「五年後，你想變成什麼樣子？」並請他們確立自己的目標。

有趣的是，幾乎所有的人，都坦白表示「我想升課長」和「我想加薪」。其實，這樣的目標很不錯。

不過，當我又問：「那你們為什麼想升課長，以及加薪呢？」他們的回答是：「想給家人幸福！」、「想讓太太高興！」、「想讓辛苦的父母安心！」、「有課長頭銜，就能增加年收入。」他們的回答既具體又明確。這樣就對了，這才是「如何讓自己幸福」的回答。透過這項課程，我想讓參加者意識到：不用等到五年後，現在就可以讓自己幸福。

即使沒有升課長、沒有加薪，還是有其他方法可以讓家人獲得幸福吧？即使錢沒有變多，還是有很多方法可以讓太太高興吧？經常讓父母看到自己神采奕奕的樣子，就可以使他們安心吧？即使獲得課長頭銜，年收入增加，還是有人找不到對象。只要增加自信，學會如何討女性歡心，就會受歡迎了吧？

人生說不定馬上就結束了。搞不好明天就是世界末日！因此，**不要每天都在好忙和好累中度過，把自己的幸福拋在腦後。**

想要人生很充實嗎？**現在就找出自己的幸福是什麼，然後馬上付諸行動！**

不要每天都盲目工作

OK	NG
「好充實。」、「我已經很努力了。」 「讓你開心，我也很高興。」	「好忙！」、「時間不夠用！」 「我好累！」

結語

學好表達，是人生最好的禮物

感謝各位把這本書讀到最後，也希望這本書能為各位的人生帶來一點改變。

這本書，我想寫給過去經常陷入煩惱二、三十歲的自己，如果當時的我，有讀到類似的書籍，不知道該有多好！

如果你現在也和過去的我一樣，因為人際關係和工作而煩惱，請務必實踐這本書的內容，一定會有所幫助。

許多人只要一不如意，就動輒對身邊的人抱怨，甚至到處找人發牢騷，散發滿滿的負能量。

對於這些人，我不禁覺得很可惜，因為他們失去了對他人的體貼和感謝之心。

語言不是用來發洩壓力的道具，而是用來溫柔待人、表達感謝，以及讓眼前的人展露笑容。

有時候，語言甚至還可以用於自我勉勵，真的是很美好的禮物。

儘管如此，還是有人毫不在意的出言傷人，或是讓人痛苦。

不過，如果人生只能再說一百次話，你會說什麼？

我想，任何人都不會再亂說話，抱怨或是發牢騷吧！

對於任何發言，應該都會更加深思熟慮，也會想讓周圍的人如沐春風、充滿笑容吧！

我最想傳達給大家的，就是這件事。

我堅信，如果大家好好善用語言並且深思熟慮，那麼，無論是自己的人生，或是整個社會，都會越來越好。

繼上一本作品《客訴管理：讓你氣到內傷的客訴，這樣做都能迎刃而解》，這次也承蒙日本實業出版社為我出版本書，我在此致上真誠的謝意。真的是非常感謝大家。

最後，請容我再說一次。

說話的方式改變了，心也會跟著改變。

人際關係隨之改善，眼界也煥然一新。

從現在開始，改變說話方式！

改變心境！改善人際關係！改變人生！

國家圖書館出版品預行編目（CIP）資料

吃了虧／吃得開的說話方式：好人緣非天生，看對照例句改變說話方式，不用討好別人，人生與工作成就大翻轉！／谷 厚志著；賴詩韻譯. -- 初版. -- 臺北市：大是文化有限公司，2022.04
240 面；14.8×21 公分. --（Think；232）
譯自：損する言い方 得する言い方
ISBN 978-626-7041-91-8（平裝）

1. CST：人際傳播　2. CST：溝通技巧　3. CST：說話藝術

192.32　　110022502

Think 232

吃了虧／吃得開的說話方式

好人緣非天生，看對照例句改變說話方式，不用討好別人，人生與工作成就大翻轉！

作　　者／谷 厚志
譯　　者／賴詩韻
責任編輯／黃凱琪
校對編輯／江育瑄
美術編輯／林彥君
副總編輯／顏惠君
總 編 輯／吳依瑋
發 行 人／徐仲秋
會計助理／李秀娟
會　　計／許鳳雪
版權專員／劉宗德
版權經理／郝麗珍
行銷企劃／徐千晴
業務助理／李秀蕙
業務專員／馬絮盈、留婉茹
業務經理／林裕安
總 經 理／陳絜吾

出 版 者／大是文化有限公司
臺北市 100 衡陽路 7 號 8 樓
編輯部電話：（02）23757911
購書相關資訊請洽：（02）23757911 分機 122
24 小時讀者服務傳真：（02）23756999
讀者服務E-mail：haom@ms28.hinet.net
郵政劃撥帳號 19983366　戶名／大是文化有限公司

法律顧問／永然聯合法律事務所
香港發行／豐達出版發行有限公司 Rich Publishing & Distribut Ltd
地址：香港柴灣永泰道 70 號柴灣工業城第 2 期 1805 室
Unit 1805, Ph. 2, Chai Wan Ind City, 70 Wing Tai Rd, Chai Wan, Hong Kong
電話：21726513　傳真：21724355
E-mail：cary@subseasy.com.hk

封面設計／季曉彤
內頁排版／顏麟驊
印　　刷／緯峰印刷股份有限公司

出版日期／2022 年 4 月初版
定　　價／新臺幣 360 元（缺頁或裝訂錯誤的書，請寄回更換）
I S B N／978-626-7041-91-8
電子書ISBN／9786267123065（PDF）
9786267123072（EPUB）